教育部"国培计划"项目
小学科学骨干教师培训教材

◇ 全国小学科学优秀教学设计案例 ◇

全国小学科学优秀教学设计案例

一、二年级

柏毅　马利荣　吴枫 / 主编

电子工业出版社

Publishing House of Electronics Industry

北京·BEIJING

图书在版编目（CIP）数据

全国小学科学优秀教学设计案例.一、二年级 / 柏毅，马利荣，吴枫主编.—北京：电子工业出版社，2021.10

ISBN 978-7-121-41235-6

Ⅰ.①全… Ⅱ.①柏… ②马… ③吴… Ⅲ.①科学知识－教案(教育)－小学 Ⅳ.①G623.62

中国版本图书馆CIP数据核字（2021）第094209号

责任编辑：刘香玉　　　　　　　特约编辑：田学清
印　　刷：北京天宇星印刷厂
装　　订：北京天宇星印刷厂
出版发行：电子工业出版社
　　　　　北京市海淀区万寿路173信箱　　　邮编：100036
开　　本：787×1092　　1/16　　印张：10.25　　字数：249.8千字
版　　次：2021年10月第1版
印　　次：2022年4月第2次印刷
定　　价：39.00元

凡所购买电子工业出版社图书有缺损问题，请向购买书店调换。若书店售缺，请与本社发行部联系。联系及邮购电话：（010）88254888，88258888。

质量投诉请发邮件至zlts@phei.com.cn，盗版侵权举报请发邮件至dbqq@phei.com.cn。

本书咨询联系方式：（010）88254161转1815，xiaox@phei.com.cn。

《小学科学优秀教学设计案例》丛书编委会

前 言

2017年1月，教育部正式颁布了《义务教育小学科学课程标准》（以下简称"科学新课标"）。科学新课标着重强调了小学科学课程是一门基础性、实践性和综合性课程，要求从小学一年级开始面向全体学生倡导探究式学习，保护学生的好奇心和求知欲，突出学生的主体地位，其总体目标是培养学生的科学素养，并为他们继续学习、成为合格的公民和终身发展奠定良好的基础。

为了充分挖掘小学科学优秀教学设计案例资源，有效指导小学科学教学活动，提升科学新课标指导下的全国小学科学教师的课程教学能力和教学设计技能，构建优质教学设计资源共建共享平台，东南大学"教育部'国培计划'项目组"（东南大学儿童发展与教育研究所）与电子工业出版社有限公司共同协作，成立了全国小学科学优秀教学设计案例评选工作委员会，面向全国小学科学教研员和小学科学教师，征集小学科学优秀教学设计案例。由国内长期从事小学科学教研工作的优秀教研员、特级科学教师和教育部"国培计划"项目小学科学培训专家团队成员组成的案例评选团队，按照教学准备、教学过程、教学效果分析和创新特色的评审标准进行评审，从602个有效教学设计案例中评选出48个优秀教学设计案例，将其汇编出版成册，并且附有案例的"说课视频"和课程PPT，为全国小学科学教师进行课程教学和教学设计提供有价值的参考。

本套书所选的优秀教学设计案例符合科学新课标中的科学知识目标，科学探究目标，科学态度目标，科学、技术、社会与环境目标，内容覆盖了物质科学、生命科学、地球与宇宙科学、技术与工程四个领域中适合小学生学习的 18 个核心概念。本套书分为一、二年级，三、四年级，五、六年级三个分册，所选各个案例重视探究活动的各个要素，精心设计探究问题，并能处理好探究式学习中学生自主和教师指导的关系。所选各个案例还体现了学科关联，尤其是与数学、语文、综合实践活动等课程的关联，同时强调教学和评价是教学设计和实施的两个重要环节，并从小学科学的学习评价角度出发，从科学知识，科学探究，科学态度，科学、技术、社会与环境等维度对学生的学习效果进行评价。

希望使用本套书的科学教育工作者，能够在阅读后受到启发，更好地把握科学新课标的深刻内涵，从而在教学实践中进行教学设计的创新与实践。希望广大教育工作者既可以根据书中提供的内容和创设的情境完成科学新课标中规定的最基本的内容，又可以突破案例本身，联系本校、本地的资源充分激活自己和学生的知识背景，生成新的教学内容，最终从根本上培养学生的科学素养。

柏毅

2021 年 10 月

目　录

第一章　物质科学

案例 1：在观察中比较

天津市和平区西康路小学　李明泽

主题	在观察中比较		
教材版本	教育科学出版社	年级	一年级上册
单元	第二单元　比较与测量	课时	第一课时

一、【课标内容】

1. 物体具有一定的特征，材料具有一定的性能。

1.1　物体具有质量、体积等特征。

一至二年级　通过观察，描述物体的轻重、薄厚、颜色、表面粗糙程度、形状等特征。根据物体的外部特征对物体进行简单分类。

二、【教学目标】

（1）科学知识：观察物体的相同之处和不同之处并进行比较；不同的观察和比较方法，可能会有不同的结果。

（2）科学探究：能从多种角度观察和比较物体；尝试用排序的方式描述和记录观察的结果，并与同学讨论、交流；具有对探究过程与方法进行反思的意识。

（3）科学态度：愿意倾听他人的意见；乐于讲述自己的观点；乐于进行小组合作学习。

（4）科学、技术、社会与环境：了解、观察和比较是人们经常用来认识问题的方法。

三、【学情分析】

一年级学生的观察和比较通常会集中在物体外观的相似之处与不同之处上，如物体的颜色、形状等。生活中，他们已经有丰富的比较经验，如比较身高和体重，但描述多个物体之间的比较结果有些困难。所以，教师必须厘清学生的思路，引导学生学会用科学的语言表达多个物体的排序结果。对学生具有挑战性的是，通过活动，他们会意识到不同的人有不同的比较方法，比较方法不同则结果可能会有所不同。因此，教师应该尽量多选取有代表性的排序结果，鼓励学生倾听他人的想法，加深对问题的认识。

四、【教学重点与难点】

（1）教学重点：引导学生从多种角度观察和比较物体。

（2）教学难点：引导学生用排序的方式来描述和记录观察的结果，并与同学讨论、交流。

五、【设计理念】

（一）教学内容

"在观察中比较"是教育科学出版社（以下简称"教科版"）一年级上册第二单元"比较与测量"的第一课。在本节课中，首先利用学生喜欢的恐龙情境，引出"比较"的话题，进而提出比较恐龙模型大小的任务，这部分需要让学生以小组探究的方式，亲自动手操作，进行恐龙模型大小的比较，目的是让学生关注如何比较大小。在这个过程当中，教师需要引导学生充分发挥想象，从不同的角度比较恐龙模型的大小。在比较中，无论学生选择怎样的比较方法，都会有意识地做到公平比较，教师可以顺势引导学生关注"比较需要公平"，为单元后续的课程做铺垫。在研讨环节中，当学生讲述自己的比较方法时，教师应该提醒其余学生注意聆听他人的做法，重点关注比较的方法有何不同，如怎样比较高矮、怎样比较长短、怎样比较胖瘦，其余学生还可以指出其中比较的细节。在学生描述排序结果时，教师应鼓励学生使用清晰易懂的语言表达，最终引导学生认识到：使用不同的比较方法，可能会有不同的结果，即使使用同一种比较方法，比较结果可能也会有所不同。通过本节课引发学生思考"如何比较更准确"这一问题，并为下一课"起点与终点"的学习做铺垫。

（二）教学方法

科学新课标中指出："在科学学习中，灵活和综合运用各种教学方式和策略都是必要的。"本节课的重点在于让学生通过比较恐龙模型的大小，在亲身实践和教师逐步引导的基础上获得结论——不同的观察和比较方法，可能会有不同的结果。因此，本节课最有效的教学方法就是探究式教学法。除此之外，本节课的教学方法还包括小组合作学习法、讨论法、练习法等。需要注意的是，在指导学生描述排序结果时，教师需要让学生进行口头语言的练习，旨在训练学生科学语言的表达。

六、【教学准备】

（1）教具：PPT、"高矮""长短""胖瘦"贴纸、大号恐龙模型、蝴蝶夹。

（2）学具：每 4 个人为一个小组，恐龙模型大小排序记录单每组一张；4 只恐龙模型每组 1 套。

七、【教学过程设计】

总体思路：本节课教学的真正目的是让学生在实际比较中认识到使用不同的比较方法，可能会有不同的结果，甚至有可能出现在使用相同的方法比较时，比较结果也有所差异的情况，此时切忌让学生在比较恐龙模型的大小后统一标准答案。因此，在教学中，教师应当鼓励学生大胆提出自己的看法和观点，并激励学生把自己的证据勇敢表达出来，培养学生的证据意识，让他们有说出结论的同时应附上证据的意识，这对学生科学素养的养成至关重要。在小组合作探究后，小组同学会发现其他小组可能会得到不同的结果，这个问题出现后，教师应当及时引导学生思考有哪些因素会导致比较结果的不同，让学生再次关注到比较的前提是公平，并继续思考如何比较才能更加准确，为后面的学习奠定良好的基础。

（一）聚焦

（1）视频导入：播放有关恐龙的视频片段，引出主角——恐龙。

设计意图：通过视频激发学生的学习热情，引出本节课比较的对象——恐龙。

（2）导语："请用一个字来概括恐龙给你的第一印象。"

设计意图：学生对恐龙的了解五花八门，教师提出用一个字对恐龙的特点进行概括，易于让学生关注到恐龙"大"的特点。

（3）谈话："的确，在恐龙面前，我们人类是非常渺小的。那这里有这么多只恐龙，究竟哪只恐龙更大呢？"

同时教师在PPT上呈现图片。

（4）提问："图片中一共有几只恐龙？"

设计意图：设置找恐龙的环节，是为了让学生学会观察。因为大多数情况下的比较都是在观察的基础上进行的。教师用激励性的语言，能够增强学生仔细观察的意识，同时也有助于培养学生的观察能力。

（5）追问："你觉得哪只恐龙更大呢？"（为了方便学生描述，给恐龙编上序号）"你们是怎么知道谁大谁小的呢？"

设计意图：通过不断追问，引发学生思考——我们需要比较，才能知道恐龙的大小。

（6）谈话："我们需要用眼睛去观察，通过观察比较才能知道恐龙的大小。"引出课题——"在观察中比较"，同时教师板书。

（二）探索：比较恐龙模型的大小

（1）导语："图片中的恐龙有的离我们近，有的离我们远，有的在天上飞，有的在地上走。如果我们直接去比较它们的大小，对它们来说公平吗？应该怎么比较才公平？"

设计意图：了解学生的前概念，几乎所有学生都知道比较需要公平，提出这个问题能够让学生思考并加深认识，理解公平比较的重要性。

（2）谈话："我们要把它们放在一起比较才公平，看！老师把它们凑到了一起。"教师出示PPT图片（见图1-1-1）。

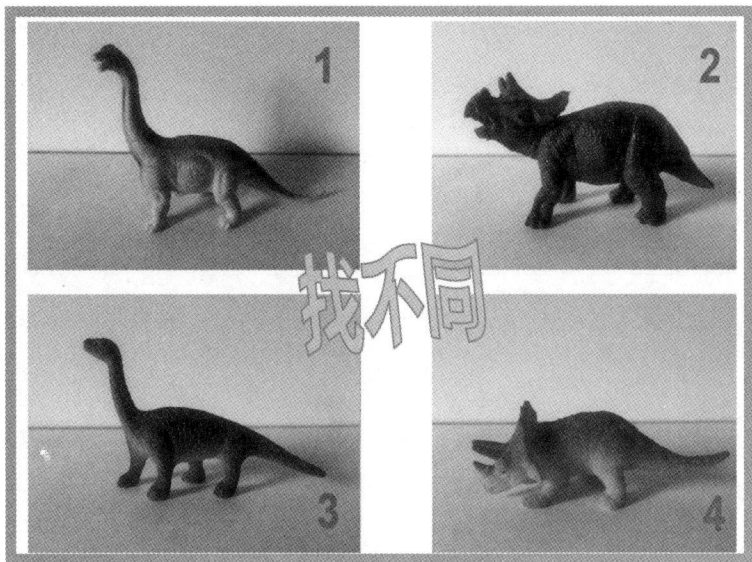

图 1-1-1

（3）"找不同"游戏：找一找这四只恐龙在外形上有什么不同？各自有什么特征？

设计意图：增设游戏环节可以增加课堂的趣味性，适合低年级学生的心理特点。这个活动促使学生从不同角度去观察恐龙，为下面的活动埋下伏笔。

（4）导语："看来每只恐龙都有自己的优势和特点，如果让你们去比较的话，你们会从哪些方面去比较呢？"

教师依据学生的回答适时板书。

设计意图：促使学生积极思考，激发学生的想象力。学生可能会想到这些恐龙的高矮不同、长短不一、胖瘦有别等。把主动权完全交给学生，凸显学生的主体地位。

（5）提问："比较恐龙的大小，你们想怎样做呢？"教师出示恐龙模型，让学生上台演示。

设计意图：鼓励学生各抒己见，从不同的角度去比较。比较方法肯定不同，但在交流中学生会发现，选取相同的方法进行比较时，在选取的标准上可能也存在差异。这个环节有利于培养学生的发散思维，在交流与倾听中，学生也会借鉴其他同学的比较方法，丰富自己的认知。

（6）播放一段比较恐龙模型的具体操作方法的微课视频，供学生参考。在视频中提示学生注意，无论选择哪种比较方法都需要公平，再次强调比较的公平性。

设计意图： 对于一年级学生而言，全凭讲解不太利于学生的吸收，而播放一段教师提前录制的视频，会让学生更直观地理解操作的过程。

（7）下发实验材料（每组已编号的恐龙模型4只）。

（8）布置任务：从高矮、长短、胖瘦等几个角度比较4只恐龙模型的大小，并进行排序，最后将排序结果记录在实验记录单上。综合以上因素，达成关于恐龙大小排序的一致意见。

（9）教师巡视并进行指导。利用投屏软件实时将各组的记录单投放在大屏幕上，同时在大屏幕上显示奖励机制，表扬活动效率高的小组。

（三）研讨

（1）从高矮、长短、胖瘦等几个方面依次展示各组的比较方法。

在描述排序结果时，指导学生用"把恐龙从 ___ 到 ___ 进行排序，依次是 ___、___、___、___"这样的句式回答问题。

设计意图： 在学生代表自述比较的方法时，教师提醒其他学生注意聆听，关注比较方法有何不同。对于一年级学生来说，清晰地描述比较方法和排序结果有些困难，因此需要教师提供回答的范例，这能够帮助学生快速越过障碍，从而培养学生的科学语言表达能力。

根据小组汇报情况，教师将各组得出的不同结果记录在黑板上。

（2）设问："当我们从不同的角度去比较时，排序结果一致吗？为什么？"

（3）谈话："当我们从不同的角度去比较时，选择的比较方法不一样，因此可能会出现不同的排序结果。"

（4）设问："当我们从同一角度去比较时，排序结果一定相同吗？为什么？"

（5）谈话："结果不一定相同，之所以出现差异有可能是因为我们选取的标准不一样，还有可能是因为我们比较得不够准确。那么，究竟如何比较才能更公平、更准确呢？这的确是一个值得我们思考的问题。"

设计意图： 在这个环节中，教师不必纠结比较结果的准确性，而应该以引导学生思考如何比较更准确为重点。

（四）拓展

（1）出示4种大小不同的蝴蝶夹，让学生根据刚才所学的方法进行排序并说明排序的依据。

（2）结合生活经验，谈谈这几种蝴蝶夹的用途。

设计意图：将课堂上所学的知识应用于生活实际，培养学生把所学知识运用于实际的能力。

（3）设问："今天我们聊了这么多关于比较的话题，你们觉得比较在生活中重要吗？"

（4）谈话："我们一起来看看，生活中的比较有哪些。"

教师出示PPT。

"运动健儿们在赛场上通过比较速度、高度等诠释着'更高、更快、更强'的体育精神；受阅官兵在训练场上比较举枪高度以求达到一致，更好地展现国威、军威；建筑工人们日复一日地通过比对图纸，最终建造出了闻名世界的跨海大桥——港珠澳大桥；袁隆平爷爷通过比较植物的生长情况培育出了高产量的杂交水稻，造福人类。"

设计意图：从不同方面列举生活中与比较有关的实例，目的是让学生认识到比较遍布生活中的方方面面。其中还特意选取了与我国科技发展和经济建设相关的实例，在激发学生爱国情怀的同时，也能使他们真切地感受到科学的力量，认识到比较的重要性。

"既然比较这么重要，那么究竟如何比较才能更准确、更公平呢？我们下节课再继续探讨。"

八、【评价设计】

教学评价的目的是更好地改善学生的学习效果，促进学生积极思考，激励是评价的重要原则之一。我在教学中对学生进行综合性的评价，评价内容主要包含科学知识、科学探究、科学态度，以及科学、技术、社会与环境四个方面。在评价中，不能只看学生获得多少知识，还要看学生在课堂中是否积极思考、自主探究、与他人合作交流，学生的思维有没有得到提升。我在本节课的教学中，适时地采用了以下两种评价方式。

1. 形成性评价

形成性评价是对学生的学习过程进行的评价,旨在发现学生的潜力,激励学生学习,帮助学生有效调控自己的学习过程,使学生获得成就感,增强自信心,培养合作精神。在本节课中,我设计了一系列具有逻辑层次的问题,与学生共同讨论,在讨论中渗透教师的指导作用,与学生共同评价。学生回答问题的思路不同,比较方法就不同,这时我采用生生互评和师生互评的方式,鼓励学生大胆发表见解,并认真倾听他人意见。这样,学生在整堂课中就能得到合理有效的评价。这种贯穿于全课的形成性评价既有利于学生的自主学习,也能帮助教师及时调整教学策略。

2. 总结性评价

总结性评价应该尽量避免学生做习题等固化的模式,这种评价模式往往是低效甚至是无效的。我在本节课结尾设计了"比较蝴蝶夹大小"的环节,不仅让学生掌握所学知识,还能提高学生应用知识的能力,使其认识到生活中的工具也有大小之分,它们有着各自的应用价值,这个环节促使学生对"比较"的意义有更深入的思考。

九、【案例评析】

本节课的教学设计有以下三大特色。

1. 优化课堂问题设计

科学始于问题,终于问题。新问题可以不断地给学生造成认知冲突,使学生在整个学习的过程中一直处在活动的中心。在教师的指导下,学生分析问题、解决问题,主动建构科学知识,从思维的角度完成深度学习。学生在解决问题时需要将个体自主探究与小组合作相结合,学生有机会在课堂上体验科学家研究真实问题的过程,这有助于学生形成学习主体意识,培养科学态度和精神,同时对于发展学生的思维能力及探究能力也有着积极的作用。

我在问题设计时遵循了以下原则:(1)符合课程标准和教学目标的要求;(2)问题有吸引力,能够抓住学生的注意力;(3)问题具有系统性、连贯性、逻辑性,问题的设计环环相扣,呈现螺旋式的结构,并依据一定的难度划分梯度;(4)对于课堂中生成的、无法预见的问题,积极挖掘其潜在价值,使学生达到更高层次的思维水平。

本节课中，我设置了一系列衔接紧密、精准有效的问题（见图1-1-2），能够让学生在经历自主思考、交流讨论、小组实验和汇报的过程后，得出结论，最终形成完整的知识体系。

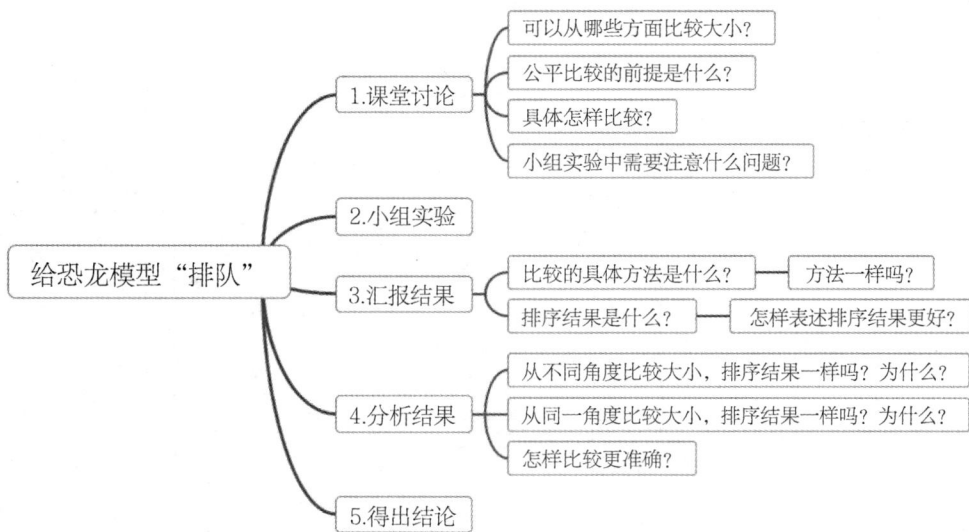

给恐龙模型"排队"
- 1.课堂讨论
  - 可以从哪些方面比较大小？
  - 公平比较的前提是什么？
  - 具体怎样比较？
  - 小组实验中需要注意什么问题？
- 2.小组实验
- 3.汇报结果
  - 比较的具体方法是什么？——方法一样吗？
  - 排序结果是什么？——怎样表述排序结果更好？
- 4.分析结果
  - 从不同角度比较大小，排序结果一样吗？为什么？
  - 从同一角度比较大小，排序结果一样吗？为什么？
  - 怎样比较更准确？
- 5.得出结论

图 1-1-2

2. 利用多媒体优势，增强课堂趣味性和时效性

兴趣是学生学习动机中最现实、最活跃的成分之一。我以信息技术为依托，恰当地运用多媒体教学，在课程开始时播放视频片段，将学生带入课堂情境中。在探讨比较方法时，我适时呈现、操作微视频，便于学生观看和理解操作过程，在一定程度上也提高了课堂效率。在小组实验和讨论环节，每组学生完成任务的实际时间是不同的，这样可能会导致快速完成的小组为了等待其他组，讨论与课堂无关的问题，而操作较慢的小组则会因此没有时间概念，使教学拖沓、低效。面对这些问题，我利用多媒体教学的优势，在大屏幕上呈现奖励机制，学生在实时屏幕上看到其他组获得奖励而受到间接强化，从而加快速度，提高实验效率。

3. 注重强化学生科学性语言的训练

语言是思维的外显，科学语言表达能力是衡量一个学生科学素养的重要标志，培养学生的科学语言表达能力是思维型课堂必不可少的因素。小学生，尤其低年级学生存在语言表达不流畅，回答问题时表述不清晰的情况。面对这样的情况，我适

时引导，积极鼓励，给学生提供回答的范例。教师对学生语言表达能力的科学评价，对学生语言表达能力的培养有着直接的作用。因此，在教学中我细心寻找学生语言表达上的闪光点，把学生语言表达上的点滴进步看作成功的萌芽，及时予以肯定和鼓励，使不同层次的学生都有信心和动力去表达，激励学生主动参与到师生对话、生生对话中来。

十、【板书设计】

板书设计如图 1-1-3 所示。

1. 在观察中比较
高→矮：（根据学生实验情况补充）
长→短：（根据学生实验情况补充）
胖→瘦：（根据学生实验情况补充）

图 1-1-3

设计意图：将各组的比较结果罗列在黑板上，有助于学生观察分析排序结果，得到"不同的观察和比较方法，可能会有不同的结果"这一结论。

十一、【学生实验记录单】

"给恐龙模型'排队'"实验记录单如表 1-1-1 所示。

表 1-1-1

组别				
从高到矮				
从长到短				
从胖到瘦				

案例 2：它们去哪里了

浙江省杭州市行知小学　潘婷

主题	它们去哪里了		
教材版本	教育科学出版社	年级	一年级下册
单元	第一单元　我们周围的物体	课时	第六课时

一、【课标内容】

2. 水是一种常见且重要的单一物质。

2.2　有些物质在水中能够溶解，而有些物质在水中很难溶解。

一至二年级　知道有些物质能够溶解在一定量的水中，如盐和糖等；有些物质很难溶解在水中，如沙和食用油等。

二、【教学目标】

（1）科学知识：有些物质能溶解在水中，而有些物质不能溶解在水中。

（2）科学探究：通过对比的方法，观察物体放入水中的变化情况；用搅拌的方法让水中的物体充分混合。

（3）科学态度：认识到可以用对比的方法观察现象；认可从多角度进行观察是一种严谨的科学态度。

（4）科学、技术、社会与环境：感受生活中的溶解现象，知道可以利用这种变化为生活服务。

三、【学情分析】

在学习本节课之前，学生根据生活经验已经知道盐或者糖会在水中慢慢"化"掉，但是小石子在水中不会"化"，本节课基于学生这样的前概念展开教学。通过实验，让学生观察溶解前、溶解中和溶解后，盐、果珍和小石子分别有什么不同的变化，从而指向"溶解"这一科学概念。本节课的学习将为学生以后学习和建立"溶解"概念奠定基础。由于是一年级的学生，所以"溶解"一词不用详细解释，只要能根据观察到的现象进行简单描述即可。

四、【教学重点与难点】

（1）教学重点：知道有些物质能溶解在水中，而有些物质不能溶解在水中。

（2）教学难点：观察和描述溶解前、溶解中和溶解后的物质和水的变化。

五、【设计理念】

（一）教学内容

"它们去哪里了"是教科版一年级下册第一单元"我们周围的物体"的第六课。本节课的学习主要分为三个部分。

（1）聚焦问题。通过《驮盐的驴子》的故事引出所要思考的问题——"为什么驴子掉下水后会觉得背上的货物变轻了？"

（2）探究活动。①通过"盐去哪里了"的活动寻找真相，从而知晓像盐这样在水中消失不见的现象我们称为溶解。②通过"它们去哪里了"的探究活动知道不同物质在水中的变化情况是不同的。

（3）研讨交流。通过观察盐、果珍和小石子的前后变化，学生将进一步了解水的特征：有的物质能溶解在水中，有的物质不能溶解在水中。

（二）教学方法

科学新课标指出科学课要以"探究式学习"为主。本节课的设计很好地体现了这一教学理念，让学生经历探究过程，享受探究的乐趣。从动画视频导入引发学生思考，提出各种猜测，教师给学生提供材料并进行实验验证假说，最后得出结论。接着创设新的情境，驴子在驮果珍和小石子过河时除了要考虑安全因素，还要考虑货物入水后是否会造成损失，从而引发学生继续探究，以了解物质在水中的变化情况。

实验选择的三种物质非常典型，且具有对比性。学生从比较中发现它们在水中变化的异同点，从而理解"溶解"现象，知道有些物质可以溶解在水中，有些物质不可以。本节课最后列举生活中的溶解现象，让学生明白科学来源于生活，生活处处有科学。

六、【教学准备】

（1）教具：PPT、学生实验材料一套、板贴材料若干。

（2）学具：装水的透明塑料杯3个，若干盐、果珍、小石子，搅拌棒、小勺子、玻璃小器皿各3个，实验记录单等。

七、【教学过程设计】

（一）故事引入聚焦问题（5分钟）

（1）引入：同学们，今天老师给大家带来了一个故事，故事的名字叫作《驮盐的驴子》，我们一起来听一听，好不好？（教师播放视频）

（2）学生认真听故事。

（3）思考：为什么驴子掉下水后，觉得背上的货物变轻了？

学生猜测：①盐被水冲走了；②袋子可能摔破了，盐漏出去了；③……

（4）聚焦问题：真的是这样吗？下面我们就一起来研究这个问题（教师板书：盐去哪里了）

设计意图：采用动画的形式聚焦研究的问题，可以在比较短的时间内吸引低年级学生的注意力，激发他们学习的兴趣，同时也为后面"盐去哪里了"的探究活动提前做好铺垫。

（二）"盐去哪里了"的探究活动（15分钟）

过渡：如果给你们盐和水，你们准备怎么做？

1. **实验指导**

预测：把盐倒进水里，看看它有什么变化？

（1）拿到盐就直接倒进水里，你们觉得合适吗？（学生：不合适，要先对盐和

水进行观察）

（2）你们准备怎么观察盐？

预测：用眼睛看、用手摸、用鼻闻、用嘴尝。

（3）下一步做什么？（学生：把盐放入水中）为了方便大家操作，我给大家准备了一个小勺子，用来取盐。取多少盐比较合适？（学生：一勺）为什么只取一勺？（学生：放入前和放入后要进行对比）

盐放入水中后也要观察，并记录下来。

（4）介绍搅拌的方法。教师边介绍边演示，提醒学生搅拌时不能碰到杯壁和杯底，搅拌后同样也要观察和记录。

2. 实验再指导

（1）实验你们会做了吗？哪位同学能完整地再来说一说？（请一位同学回答，学生边回答，教师边课件演示）

（2）大家都明白了吗？今天要用到水，实验操作时记得要小心，不要洒出来。

3. 实验记录单的指导

（1）这张实验记录单你们知道怎么记录吗？（教师出示实验记录单）

（2）教师提示学生：盐的颗粒可以用"▱"来表示，水的变化可以用简单的文字描述。

4. 学生分组实验

学生领取材料分组实验，教师巡视指导。

5. 整理材料，汇报交流

（1）盐放入水中，有没有发生变化？（学生：消失不见了）原本它是什么样的？（学生：白色，一颗一颗的）

放入水中后它去了哪里？（学生：沉在杯子底部）搅拌过程中有什么发现？（学生：越来越少，最后消失不见了）液体有没有发生变化？（学生：没有）

（2）其他同学的观察结果呢？

（3）根据盐在水中的变化情况，教师描述"溶解"现象。

6. 实验后再交流：驴子掉下水后袋子变轻的原因

引入：现在谁来说说驴子掉下水后，为什么觉得背上的货物会变轻？（学生：袋子里的盐一部分溶解到了水中，从袋子的缝隙里流走了，所以背上的货物变轻了）

设计意图：此环节的设计目的有两个。其一，为了解决上一个环节学生产生的疑问——驴子掉下水后，为什么身上的货物变轻了，盐去哪里了呢？通过实验，观察盐在溶解前、溶解中和溶解后的变化，学生明白原来盐溶解在水中后随着水一起流走了。学生亲历了过程，知道了事情的原委。其二，此环节进行了盐溶解在水中的实验指导，有利于下一环节探究活动的有效开展。

（三）"它们去哪里了"的探究活动（15 分钟）

过渡：是不是所有的货物都像盐一样，可以溶解在水中呢？（学生：不是的）

1. 果珍和小石子实验指导

（1）驴子过几天又要驮两种货物（教师出示果珍和小石子），它想请同学们帮它判一判。

（2）学生猜测并揭示课题"它们去哪里了"。

（3）这次的实验怎么做？谁来说说看？（以果珍为例）

学生介绍，教师及时补充，并表扬学生。

（4）小石子你们会吗？（也请学生介绍）

（5）这两个实验，我们应该同时做，还是应该先将一个做完，再做另一个呢？（同时提醒学生记录时可以用"●"表示果珍的颗粒，用"⬟"表示小石子）

2. 学生分组实验

学生领取材料开始实验，教师巡视。

3. 交流研讨：果珍和小石子去哪里了

（1）整理好材料，交流。

（2）将它们放入水中，有变化吗？（学生：果珍消失不见了，小石子没有变化）原本它们是怎么样的？放入水中后它们去了哪里？搅拌过程中有什么发现？水又有什么变化？

①果珍去哪里了？（学生：溶解在水中）

②小石子呢？（学生：没有溶解在水中）

（3）驴子运送什么样的货物更应该注意安全，以免货物受损？

设计意图：此环节是为了让学生对果珍和小石子在水中的变化情况进行对比，从而知道有些物质可以溶解在水中，有些物质不能溶解在水中。

（四）课堂总结（5分钟）

（1）盐和果珍真的消失不见了吗？（学生：没有，盐还在水中，水的味道变咸了；果珍使水的颜色发生了变化，水的味道变甜了）

（2）我们一起来看一看生活中的溶解现象。

（3）最后我们来观察一个有趣的小实验。

思考：为什么会产生这种现象？（学生：彩虹糖溶解在了水中）

设计意图：让学生感受生活中的溶解现象，知道可以利用这种变化为生活服务。

八、【评价设计】

本节课教学评价采用过程性评价和总结性评价相结合的形式。过程性评价注重对学生学习过程的关注，其目的是使学生了解自己的学习状况，有助于学生自主学习的发展。我在本节课的教学中设计了一系列有结构性的问题，向学生设问，并及时有效地加以评判和反馈，学生在整堂课中都得到了合理有效的评价。这种贯穿于全课的过程性评价既有利于学生进行自主学习，也有利于帮助教师及时调整教学策略。我在本节课的结尾环节加入了一个"神奇彩虹糖"的小视频，其目的是让学生知道：产生彩虹这一现象是由于彩虹糖溶解在了水中。这种总结性评价方式，不仅使课程的结构更完整，而且进一步帮助学生巩固本节课"溶解"的知识点。

九、【案例评析】

本节课的教学设计具有三个特点。

1. 故事情境，富有趣味

整节课的教学设计围绕着"驮盐的驴子"的故事展开，为寻找货物变轻的原因，从而进行"盐去哪里了"的探究，接着比较不同物质在水中的变化情况。整个教学过程利用故事的形式，富有趣味。课程结尾又利用物质的溶解现象呈现"神奇的彩虹"，将本节课引入了高潮。

2. 活动指导，由扶到放

低年级学生刚接触科学，动手能力较弱，所以在做实验时需要教师的细心指导。在"盐去哪里了"的探究活动中，教师通过三个交流话题仔细耐心地引导学生进行实验操作。但是在"它们去哪里了"的探究活动中，教师把自主权交由学生，让他们自主设计果珍和小石子的实验步骤，并根据学生的回答出示相应的图片。这一过程很好地体现了"由扶到放，扶放结合"的理念，有助于逐步培养学生的科学探究能力。

3. 材料易寻，现象明显

原教材中要求的块状红糖在生活中不常见，市面上主要以颗粒状红糖居多，并且块状红糖的纯度不高，里面的杂质会影响实验效果，增加低年级学生的实验困难。果珍是学生生活中常见的物质，入水后发生的变化非常明显，将它作为研究材料，有利于激发学生探究的欲望，培养学生学习科学的兴趣，同时也让学生知道科学知识来源于生活，生活中处处有科学。

十、【学生实验记录单】

"盐去哪里了"实验记录单如表1-2-1所示。

表1-2-1

班级		姓名	
材料	放入前	放入时	搅拌后
食盐			

注：可以用文字描述，也可以画图表示。

"它们去哪里了"实验记录单如表1-2-2所示。

表 1-2-2

班级		姓名	
材料	放入前	放入时	搅拌后
果珍			
小石子			

注：可以用文字描述，也可以画图表示。

案例 3：书的历史

重庆市江北区观音桥小学　陈宇莉

主题	书的历史		
教材版本	教育科学出版社	年级	二年级上册
单元	第二单元　材料	课时	第三课时

一、【课标内容】

1. 物体具有一定的特征，材料具有一定的性能。

1.2　材料具有一定的性能。

一至二年级　辨别生活中常见的材料。

二、【教学目标】

（1）科学知识：了解历史上制作书的材料有龟壳、石头、陶土、竹片、木片、丝绸等，造纸术是我国古代四大发明之一；知道用纸制作书具有书写方便、装订便捷、容易携带等优点。

（2）科学探究：学生分别制作三本书，运用多种感官，借助简单工具，观察不同的材料，并用科学词汇进行简单的对比描述；通过实践操作体验，感受用不同材料制作书的优缺点。

（3）科学态度：围绕材料的发展，多角度、多方式认识制作书的材料的变迁；能按要求进行合作探究学习，乐于表达自己的观点。

（4）科学、技术、社会与环境：体会到生活中科学技术的进步方便了人们的生活和学习；了解用材料制作某种物品时，需要考虑其优缺点。

第一章　物质科学

19

三、【学情分析】

二年级学生对身边物品的组成材料已经有了初步的认识，能够观察一些材料的特点，并能用一些比较科学的词汇表达，如坚硬、柔软、光滑、粗糙、有气味等。纸是学生身边最常见的一种人造材料，各种各样的书基本都是用纸做的。为什么会选择用纸做书？历史上还有哪些材料可以用来做成书？对于这些问题，只有极少部分学生通过书籍、父辈口述或电视、网络等方式间接了解到一些零散的信息。然而为什么做书的材料会变化？纸这种材料做书跟其他材料相比有哪些优越性？这些问题是学生不了解的。

四、【教学重点与难点】

（1）教学重点：引领学生有序开展书写、装订的活动，让学生用多种感官感受和比较观察的方法观察材料的特点和优缺点。

（2）教学难点：引领学生通过观察、体验活动，寻找书本材料优化演变的证据，思考选择用纸这种材料做书的原因。

五、【设计理念】

（一）教学内容

"书的历史"是教科版二年级上册第二单元"材料"的第三课。在本节课中，教材以"书"为具体研究对象，结合人类文明的发展历史，运用教育重演论，让学生纵向考察某种物品所用材料的发展和演变。学生将通过"做三本简易的书"的活动，理解材料革新的意义，体会到人类对物品的实际需求往往会促进材料的优化和升级。

（二）教学方法

本节课主要采用任务驱动法，通过制造学生认知冲突，从而激发学生探究欲望。给学生布置"书到底是怎么演变的"探究式任务，让学生通过尝试做三本简易的书，观察比较三种不同材料，知道不同的材料有不同的特性，进而对"为什么做书的材料会变化"这个问题有所思考。通过任务驱动法让学生在完成任务的过程中，培养观察能力、分析问题的能力、解决问题的能力、独立探索精神及合作精神。此外，本节课还运用到小组合作学习法、直观演示法、模拟实验法等，这些教学方法都可以根据教学实际加以灵活运用。

六、【教学准备】

（1）教具：PPT、板书、评价表、泥板书和竹简书。

（2）学具：泥板、树枝、竹简、毛笔、笔筒、纸、铅笔、订书机、棉线、剪刀、实验记录单。

七、【教学过程设计】

总体思路： 本节课教学的核心在于让学生对"为什么做书的材料会变化"这个问题有所思考。这个内容看似简单，但对教师的"教"和学生的"学"都有一定的挑战。其一，历史上有哪些材料用来做成书？为什么会选择用纸做书？对于这些问题教师要设计活动，让学生进行自主探究，引领学生通过细致的观察和丰富的体验活动，寻找书本材料优化演变的证据，从而对这一问题有自己的思考。其二，仅让学生依次体验三项做书活动，不能引起学生积极参与活动的兴趣，因此怎样让学生主动参与其中也是教师值得思考的问题。其三，在体验做三本书的过程中，学生最大的困难在于需要用毛笔在竹片上书写，教师需要帮助学生解决"怎么使用毛笔""在竹片上的哪一面上书写"等一系列问题。其四，学生在体验活动中，往往会因为任务较多、组内分工不均或分配到的任务不是自己喜欢的任务，而产生各种情况。为了避免这些情况的发生，教师积极调动学生探究兴趣，促进小组成员有效合作，引导动静结合、动而不乱的课堂。

本节课的总体思路设计——课前教给学生正确的毛笔使用方法，课前请学生将喜欢的书籍带到课堂。

（一）聚焦问题：你认为书是怎么演变的

（1）观察：课前请你们带来了书，看看是用什么材料做的？

学生：纸。

老师也带来了两本书，看看它们是用什么材料做的？（教师出示制作的泥板书和竹简书）

学生：泥板书、竹简书。

（2）提问：泥板书、竹简书，这两本书都是前人用的书，想想为什么人们以前要用这些材料做书呢？

学生自由发表意见。

（3）聚焦问题：随着时代的发展，书的材料也在变化，就拿这三种材料来说，你能说说书的演变过程吗？说说你的理由。

学生发表观点并说明理由。

在学生回答过程中，教师及时梳理学生发表的观点、理由，记录关键词。

设计意图：从简单的观察活动入手，通过提问引导学生逐步走向课堂思考。通过聚焦问题——想想这三种材料做成的书的演变过程，让学生说一说自己的观点和理由。这样安排有两方面的优势：一方面可以了解学生前概念，制造学生认知冲突，激发学生后续探究欲望；另一方面让学生进行有依据的预测和假设，有利于培养学生的科学思维能力。

（二）探索：尝试做三本简易的书，寻找做书材料演变的证据

过渡：听了你们发表的观点，看来大家最大的争议在于先用来做书的材料是泥板还是竹简，对不对？那到底是怎么演变的？我想我们来做一做这三种材料的书，亲自体验以后就知道了。

设计意图：及时梳理学生观点，让探索内容更加聚焦，学生探究兴趣更加浓厚。

（1）谈话：想想要做一本书，先要做什么？再做什么？

学生：先写字，再装订。

（2）PPT出示三种书写工具及对应的做书材料：铅笔、纸；毛笔、竹简；树枝、泥板。

（3）PPT出示探究任务：用这三种"笔"分别在对应的三种材料上写自己的名字。自己想办法把写好字的材料分别装订成三本书，组内做好分工。（教师为书写安静、实验认真的小组发放装订工具——订书机、棉线、剪刀）

提出探究要求：边体验边思考三种做书材料的演变顺序，寻找支持自己想法的证据。比一比哪一组的任务完成得既快又好。

设计意图：学生在体验活动中，往往会因为任务较多、组内分工不均或分配到的任务不是自己喜欢的任务，而产生各种情况。为了避免这些情况的发生，教师要积极调动学生的探究兴趣，促进小组成员有效合作，引导动静结合、动而不乱的课堂。此外，通过任务驱动法让学生在完成"任务"的过程中，培养观察能力、分析问题的能力、解决问题的能力，培养独立探索精神及合作精神。

（4）PPT出示记录要求：每个同学还要做好记录，收集支持你们想法的证据。

教师讲解实验记录单。

设计意图：不同的材料有不同的特性，实验记录单中为学生提供了一定的科学词汇，便于学生体验后能比较、选择出三种材料各自的特点。

（5）小组分工合作，体验书写、装订的感受，观察比较材料的特点，做好记录。

（三）研讨：寻找到什么证据能够说明书的演变过程

过渡：时间到了，现在小组合作收拾材料，给大家2分钟的时间，把材料装进材料盒，放在4人小组桌子的中间，看哪组最迅速，老师给他们加星奖励。

设计意图：探究结束后，让学生收拾好材料，便于后续能专心交流，但是要给予二年级学生收拾材料的时间；通过加星奖励的机制，促进小组合作更加高效。

（1）谈话：现在我们来交流，做书的材料是怎么演变的？你们的想法是怎样的？你们寻找到的证据支持你们的想法吗？

学生发表自己的想法并提供证据。（预设：演变顺序——泥板、竹简、纸，因为泥板和竹简的质量较大而纸质量较小，且泥板不能装订、竹简装订困难、纸装订便捷；或演变顺序——竹简、泥板、纸，因为竹简材料较泥土材料而言更加容易获得，在竹简上书写不便……）

（2）追问：你们是怎么感受到的？用什么样的观察方法寻找到的证据？（学生：比如用手比较轻重）其他组和他们的想法一样吗？有没有不一样的证据？对于他们的说法还有没有补充？你们更赞成哪一种演变顺序？为什么？

（3）教师结合学生的回答梳理三种不同做书材料的特点。通过学生的交流和教师的引导，认识三种做书材料的演变顺序——泥板、竹简、纸。

设计意图：研讨环节是本节课的重点环节。学生通过任务驱动式的做书活动，对三种书的书写效果和装订难易程度，以及材料的特点和优缺点都有了自己切身的体会。在做书活动中学生积极寻找支持自己想法的证据，此环节应该让学生充分发表自己的观点、想法并提供证据，建立三者之间的联系，从而培养学生的证据意识、科学思维意识，以及积极倾听的良好科学学习习惯，实现发展学生能力的目标。

（四）拓展：微课视频介绍书的历史，引导学生畅想未来的书

过渡：大家真了不起，用比较观察的方法观察到材料有这么多的特点。其实，书的发展历史远不止这三种材料，还有一些材料，我们通过一段微课视频来了解一下。

提出观看微课视频的任务：不过观看微课视频，老师还有一个小任务，那就是看一看在书的发展历史中还有哪些材料？想一想这些材料又有什么样的特点呢？为什么会发生这样的变化呢？

（1）观看微课视频：《书的历史》。

设计意图：学生对历史上做书的其他材料不是很了解，在探索了泥板、竹简、纸三种材料的演变顺序后，肯定还想知道是否还有其他材料做的书，以及它们是怎么演变的。但一堂课的课堂时间有限，微课视频的学习无疑是对学生知识层面的有效补充，而且也是深受学生喜爱的学习形式之一。教师提出观看微课视频任务，让学生带着任务观看微课视频，有利于保持二年级学生的有效学习专注度。

（2）谈话：看了视频之后，大家知道书的发展历史中还有哪些材料了吗？这些材料又有什么样的特点呢？为什么会发生这样的变化呢？同学们可以用今天学到的方法去观察比较。

设计意图：让学生学以致用，巩固本节课的学习方法，如观察比较，建立观点、证据之间的联系等科学学习方法。

（3）畅想未来的书：最后，老师还想考一考大家，人们经过艰难地比较后发现纸是最方便、最合适的做书材料，那随着科技的发展，未来的书又会怎样变化？会用什么材料来做？期待你们长大后去探索和发现！

设计意图：鼓励学生提出新奇的想法，激发学生进一步改进物品的兴趣和愿望，让学生带着疑问走进课堂、走出课堂，让他们始终保持对科学课堂的兴趣和热爱！

八、【评价设计】

按切入的时机和发挥的功能来区分，教学评价可以分为形成性评价和总结性评价。我在本节课的教学中，适时地采用了这两种评价方式。

1. 形成性评价

形成性评价又称过程性评价，是在教学过程中即时、动态、多次对学生实施的评价，它注重及时反馈，用以强化和改进学生的学习。反馈是形成性评价的重要特点，也是形成性评价发挥作用的重要机制。我在本节课教学中采取以下措施注重学生反馈，注重形成性评价：及时根据学生学习情况对提出的问题进行调整；把学生的想法重新组织，以聚焦在符合主题的关键信息上；帮助学生把不会表达的部分表达完整；追问学生，以便清楚学生观点；把学生发言的关键词书写在黑板上，通过板书肯定学生的回答；反问其他学生，把评价的机会给学生等。

这些措施贯穿于全课的形成性评价，既有利于学生的自主学习，也能帮助教师及时调整教学策略。

2. 总结性评价

我在本节课结束前，通过让学生观看《书的历史》微课视频和谈话的方式，让学生进一步认识和思考：为什么做书的材料要不断变化，而且按一定顺序变化呢？学生可以用学到的比较观察的方法去了解，从而进一步了解其他材料的特点。学生真实地表达自己的想法，从而能够从多角度、多方式认识做书材料的变迁，知道不同的材料有不同的特性，进而对"为什么做书的材料会变化"这个问题有所思考，并产生更深层次的理解。

九、【案例评析】

记得曾经在参加小学科学"国培计划"学习时，一位教研员老师授课时说过："一节成功的课堂，关注儿童之趣是基础、把握逻辑线索是灵魂、引领学生思维是重点。"那怎样才能设计一节成功的课堂？怎样才能寻求科学课堂儿童之趣与科学之理的最佳融合，使本节课更加有趣、有序、有效呢？

首先，关注儿童之趣是基础。二年级的学生注意力还不能长时间集中，为了帮助学生激发学习兴趣，我在本节课中通过提活动要求、送礼物、讲述《书的历史》

微课等，将学生的注意力吸引过来。在本节课的教学设计中，我通过制造学生认知冲突、激发其探究欲望；给学生布置"书到底是怎么演变的"探究式任务，让学生通过尝试做三本简易的书，观察比较三种不同的做书材料，知道不同的材料有不同的特性，进而对"为什么做书的材料会变化"这个问题有所思考；播放《书的历史》微课视频激发学生进一步了解书的历史的欲望，微课的学习无疑是对学生知识层面的有效补充，而且也是深受学生喜爱的学习形式之一。特别值得一提的是探究式任务的布置，其中有明确的任务分配和确定的规则，学生知道做什么、怎么做，不会出现因为任务较多、组内分工不均或分配到自己不喜欢的任务，而产生喧闹、分歧或者向老师告状的情况。只有给予学生更充足的探究时间去做自己喜欢做的事情、愿意做的事情，他们完成起来才真正做到了有趣、有序和有效。

其次，把握逻辑线索是灵魂。为了牢牢把握教学逻辑主线，我重新拟定了繁杂的教学目标。通过分析课程标准、课程内容、课程目标及学生学情，我拟定了基于学生学习能力的学习目标，把学习目标定位为"通过了解不同材料的特点和优缺点，进而思考书的历史为什么要这么演变"。重新拟定教学目标，把握了逻辑主线，抓住本节课的逻辑线索和主要问题，从而对本节课的教学有了更加清晰的认识，明晰了教学方向，对学生上课前、后的变化和将要达到的学习结果有了正确的预期。

最后，引领学生思维是重点。教育家维果茨基提出的儿童教育发展观认为，学生的发展有两种水平：一种是学生的现有水平，指独立活动时所能达到的解决问题的水平；另一种是学生可能的发展水平，也就是通过教学所获得的潜力。两者之间的差异就是最近发展区。教学应着眼于学生的最近发展区，为学生提供带有难度的内容，调动学生的积极性，发挥其潜能。在本节课的教学中，我通过不同的问题和及时的反馈，引领学生理性思考、发展思维。例如，开课时就让学生思考，为什么人们以前要用泥板和竹简做书呢？泥板、竹简和纸三种材料做的书，材料是怎样演变的呢？你这样想的理由是什么？让学生的预测和假设有依据，有利于培养学生的科学思维能力。在了解学生前概念的同时制造认知冲突，调动学生积极性。接着提出"做书的材料是怎么演变的？你们的想法是怎样的？"为了给学生更充足的探究时间，我一次性布置完任务，不在中途打断学生的思维。学生为了找到支撑自己想法的证据，探究兴趣十分浓厚，且探究过程有趣、有序和有效。在交流研讨环节，学生对三种书的书写效果和装订难易程度，以及材料的特点和优缺点都有了自己切身的体会。通过追问，如"你们是怎么感受到的？用什么样的观察方法寻找到的证据？其他组和他们的想法一样吗？有没有不一样的证据？对于他们的说法还有没有补充？你们更赞成哪一种演变顺序？为什么？"让学生充分发表自己的观点、想法并提供证据，建立三者之间的联系，培养学生的证据意识、科学思维意识及积极倾听的良好科学学习习惯，实现发展学生能力目标。

以上分析，也是本节课教学设计的创新和特色。期望通过上述对教学的构思和调整，培养学生的证据意识、倾听意识，让学生学会观察、学会合作，发展学习能力、思维能力，提升科学素养！

十、【板书设计】

"书的历史"板书设计如图 1-3-1 所示。

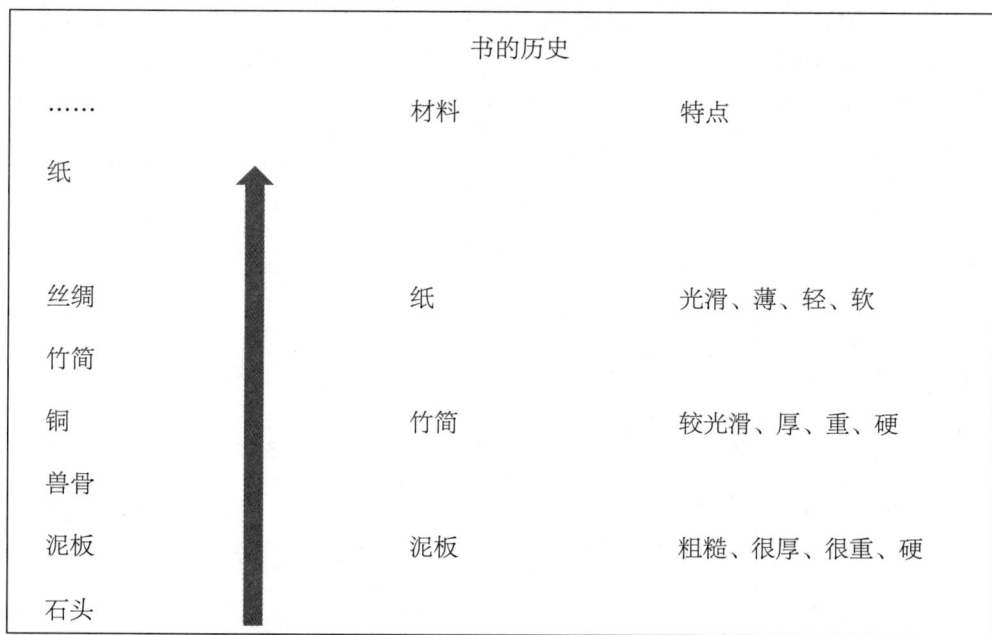

		书的历史	
……		材料	特点
纸			
丝绸		纸	光滑、薄、轻、软
竹简			
铜		竹简	较光滑、厚、重、硬
兽骨			
泥板		泥板	粗糙、很厚、很重、硬
石头			

图 1-3-1

设计意图：板书内容体现泥板、竹简、纸三种材料的主要特点（即它们的优缺点），有助于学生比较三种材料的异同，加深对做书材料演变的理解；左边的做书材料通过微课视频介绍后，由学生补充，教师贴彩色打印的板书，这样可以节约时间、吸引学生的注意，同时通过板书重演书的历史。

十一、【学生实验记录单】

实验记录单如表 1-3-1 所示。

表 1-3-1

组别 _{zǔ bié}			
材料 _{cái liào}			
表面 _{biǎo miàn}	光滑、不光滑 _{guāng huá　bù guāng huá}	光滑、不光滑 _{guāng huá　bù guāng huá}	光滑、不光滑 _{guāng huá　bù guāng huá}
硬度 _{yìng dù}	软、硬 _{ruǎn　yìng}	软、硬 _{ruǎn　yìng}	软、硬 _{ruǎn　yìng}
厚薄 _{hòu báo}	厚、薄 _{hòu　báo}	厚、薄 _{hòu　báo}	厚、薄 _{hòu　báo}
重量 _{zhòngliàng}	轻、较重 _{qīng　jiào zhòng}	轻、较重 _{qīng　jiào zhòng}	轻、较重 _{qīng　jiào zhòng}

注：做完三本书后，请在你发现的材料特点下划√。

案例4：磁铁

主题	磁铁		
教材版本	教育科学出版社	年级	二年级下册
单元	第一单元　磁铁	课时	第一课时

一、【课标内容】

6. 机械能、声、光、热、电、磁是能量的不同表现形式。

6.5　磁铁有磁性，可以对某些物质产生吸引作用。

一至二年级　列举生活中常用的、不同外形的磁铁；描述磁铁可以直接或者隔着一段距离对铁、镍等材料产生吸引作用；知道指南针中的小磁针是磁铁，可以用来指示南北。

二、【教学目标】

（一）单元教学目标

1. 科学知识

（1）认识磁铁的性质，知道磁铁可以吸引铁、钴、镍，了解磁铁在生活中的应用。（重点、难点）

（2）认识到磁铁隔着一些物体也能吸引铁、钴、镍，磁力不用直接接触物体。

（3）建立磁极的概念，了解磁铁总是同时存在着两个不同的磁极，两极的磁力最强。（重点、难点）

第
一
章

物
质
科
学

（4）知道两个磁极相互靠近出现的吸引、排斥现象。（重点）

（5）知道磁铁能指示南北方向。

（6）知道指南针利用的是磁铁能指示方向的原理，了解我国古代在指南针的研究和应用上所做的贡献，学习使用指南针确定方向；知道钢针经过磁铁摩擦可以变成磁铁（磁针），学习制作指南针。

（7）知道磁铁的用途及其性质是相联系的。

2. 科学探究

（1）通过实验归纳总结磁铁可以吸引的物体有哪些，了解磁铁的性质。（难点）

（2）利用简单的实验操作认识到磁铁被阻隔时也可以吸引物体；磁铁可以吸引铁、钴、镍；磁铁有两极，两极的磁力最强。

（3）学习磁铁的相关知识，并动手制作一个指南针。

3. 科学态度

尊重科学事实，利用实验获取的数据进行有效的分析和预测，完成科学概念的构建。培养学生的批判思维，提升学生关注细节和探究问题的能力。

4. 科学、技术、社会与环境

磁铁在生活中应用广泛，为生活提供了诸多便利。

（二）课时教学目标

1. 科学知识

知道磁铁可以吸引铁、钴、镍，初步认识到磁铁的其他性质。

2. 科学探究

通过实验归纳总结磁铁可以吸引的物体有哪些，了解磁铁的性质。

3. 科学态度

了解生活中各种磁铁的应用，知道磁铁的形状不同是因为要满足其结构与功能相适应的特点。培养学生批判性思维，提升学生探究问题的能力，使学生养成关注科学事实、注重细节的科学研究态度。

4．科学、技术、社会与环境

通过具体的物品来证明磁铁的特殊性质。

三、【学情分析】

学生可以明确区分哪些是金属，但不能明确区分哪些是铁制品，尤其当这种物体的颜色和学生前概念中所熟知的铁的颜色（金属光泽）接近时，极易混淆，或者当不能明确指出这个物体是用什么材料制成时，学生都认为是用铁制成的。

本节课的设计旨在让学生在学习过程中，逐渐构建科学概念：磁铁有磁性，可以对某些物质（含有铁、钴、镍等金属材料）产生作用。让学生了解不锈钢这种特殊的金属材料由 70% 左右的铁元素及其他微量合金元素组成。有的不锈钢可以被磁铁吸引（马氏体不锈钢），有的不锈钢不可以被磁铁吸引（奥氏体不锈钢），二者的基本组成元素相似，只是在微量元素上有些许差别，但这些微量元素起了决定性作用，前者的主要合金元素为铬，后者的主要合金元素为铬和镍，从而使外表相似的不锈钢出现了不同的性状，所以不锈钢并不是真正意义上的铁制品，只是成分中含铁元素。

认识到磁铁的性质后，初步理解磁铁可以隔着一些物体吸引其他物体，并利用所学知识解决问题（水中取螺母），最后引申至上位概念，即磁铁的吸引是因为产生了能量（磁能）从而对物体产生了吸引作用。

四、【教学重点与难点】

（1）教学重点：知道磁铁可以吸引铁、钴、镍等金属材料。

（2）教学难点：初步探究磁铁可以隔着一些物体发挥吸引作用，隔着水也可以发挥吸引作用。（磁铁的磁力是一种不需要直接接触物体的力）

五、【设计理念】

（一）教学内容

1．侦测前科学概念

通过对学生学情分析的判断，学生能明确区分金属和非金属类物体，但在铁制品的辨识度方面表现较差。

2. 调整教学内容结构

将教学重点放在区分铁制品而非区分金属和非金属上，这是构建科学概念的前提。学生要想判断物体是否可以被磁铁吸引，首先需要知道这个物体是否具备可以被磁铁吸引的特质，进而才能做出准确的判断。

基于已经了解了磁铁的性质，学生再进一步对磁铁的其他属性进行探究。例如，磁铁可以吸引铁制品及含有铁的成分的物体，那么把磁铁和这些铁制品用某些物体隔开，观察磁铁是否还有同样的吸引力，基于此再逐步进行探究。若有形的物体可以，再探究没有固定形状的水是否也可以。从而循序渐进，满足学生认知基本需求，提升学生认知水平。

（二）教学方法

本节课采用了创设真实情境的方法。

首先，从"听话盒子"（纸盒）导入，将此情境贯穿整个课堂，通过让学生猜测"听话盒子"可以移动的原因，完成磁铁性质的初步构建；然后，从生活中的物品入手，总结归纳出磁铁可以吸引的物体具有哪些共同特征（铁制品或含有铁的成分），从而猜测"听话盒子"移动的"秘密"，达成科学概念的构建。接着，再回到纸盒，将磁铁与铁制品之间放入一些物体，观察是否还会有相同的吸引效果，帮助学生达成理解——磁铁可以隔着某些物体吸引物体。若学生提到"厚度"（磁铁与物体间的距离）一词，可以再度回归纸盒，纸盒之所以移动是因为磁铁距离回形针近，而当纸盒不可以移动时，是因为磁铁和回形针距离远，因此出现了相同物体不同结果的表现。实际上这是在向学生潜移默化地渗透本单元将要学习的知识——磁铁怎样吸引物体，但本节课不再深究。将一个"听话盒子"的情境贯穿整个课堂，有利于在调动学生积极性的同时逐步帮助学生完成科学概念的构建。

六、【教学准备】

（1）教具：纸盒（纸盒内部其中一面贴有回形针）、环形磁铁、条形磁铁、水瓶（底部有螺母），如图 1-4-1 所示。

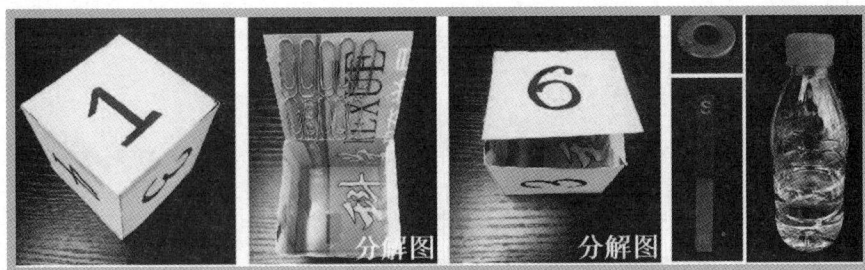

图 1-4-1

（2）学具：第一部分如图 1-4-2 所示，共有物品 17 种；第二部分如图 1-4-3 所示，共有物品 6 种；此外还有条形磁铁，实验记录单 2 张——"磁铁能吸引什么"实验记录单、"磁铁隔着物体能吸引回形针吗"实验记录单，4 人一组，每人各一张。

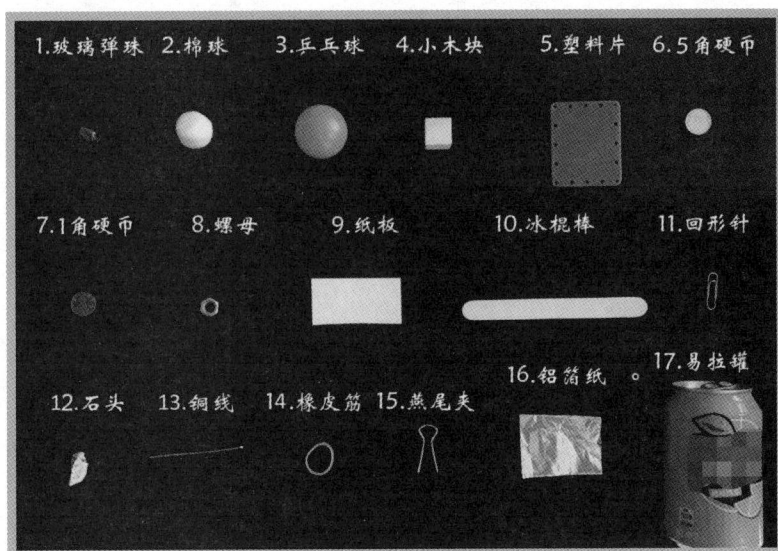

图 1-4-2

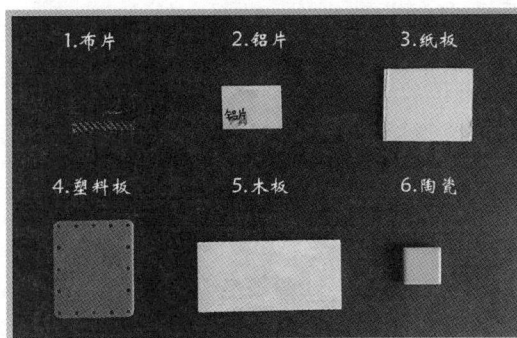

图 1-4-3

总体思路:

在设计想法上,基于单元教学目标,利用一个情境贯穿整个课堂。本节课从开始到课堂结束仅围绕"听话盒子"这一个情境开展问题式研究,通过对"听话盒子"的"探秘"来认识和研究磁铁的性质。在学生思维上,通过研究过程逐步达成教学目标,培养学生的批判思维模式,从最开始的猜测到观察现象及最后的科学推理,让学生自己去经历科学发现的过程,寻找证据去验证、支持自己的猜想。为避免常规课堂情境导入后就不再提及的情况,本节课只有一个研究对象——"听话盒子",作为导入的同时也利用它去展开、贯穿课堂,从情境中来,到情境中去,利用情境去研究需要验证的问题。

流程如图 1-4-4 所示。

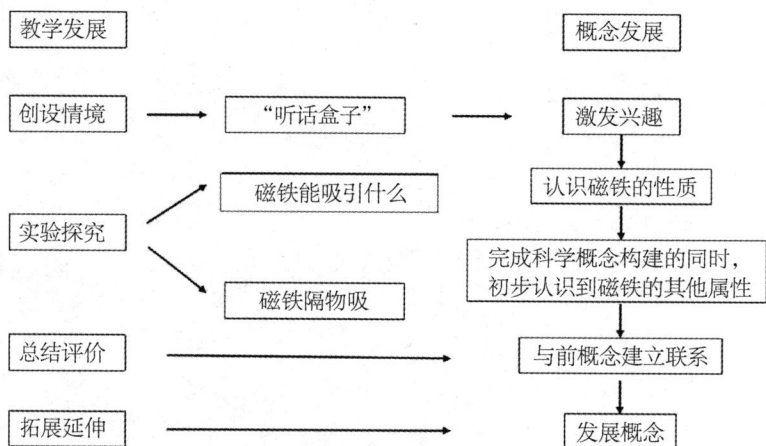

图 1-4-4

(一)"听话盒子"

在纸盒的表面分别标有数字 1~6,在标有数字 6 那一面的内侧贴满回形针。学生操作时,让学生吸标有数字 1 的面,贴有回形针的标有数字 6 的一面贴着桌面,学生不能将纸盒吸起来;教师操作时,将标有数字 6 的面翻转过来正对磁铁,纸盒就被吸起来了。

设问:为什么出现这种情况?

预设 1:学生说出里面有玄机。

追问：有什么玄机？

预设2：学生说到纸盒的面被翻动了（为追求"公平"向学生强调：教师与学生使用磁铁相同的部分吸引纸盒），让其他学生再试试翻动其他面（和教师不同的面）。

追问：随意翻动纸盒的任意一面，会有什么现象？

预设3：学生回答当标有数字6的一面正对磁铁时，纸盒会被磁铁吸引。

追问：为什么会发生这种现象？

预设4：一位学生回答纸盒里面有铁，铁可以被磁体吸引。

追问：这位同学在向我们传递一个科学概念，那就是磁铁可以吸引铁，你们是否思考过，磁铁只能吸引铁吗？

预设5：有的学生回答只能吸引铁；有的学生回答也可以吸引钢，还有镍。

追问：你是怎么知道磁铁可以吸引镍的？你怎么证明磁铁可以吸引镍？

预设6：有的学生说是在书上看到的，可以用实验证明磁铁可以吸引镍。

设计意图：通过这个小小的导入，实际上是在帮助学生认识到以下两点。第一，磁铁的性质。磁铁之所以可以让纸盒移动是因为里面放置了铁质的回形针，磁铁正是因为吸引到了它，才能将纸盒提起来。第二，磁铁可以隔着一些物体吸引铁。纸盒被移动是因为磁铁吸引住了盒内的回形针，但实际上磁铁并没有直接接触回形针，而是中间隔着一层薄纸片。当学生在操作过程中注意到厚度也会影响磁铁对物体的吸引时，可以将这个发现引回"听话盒子"——教师可以移动纸盒是因为磁铁离回形针近，学生无法移动是因为距离远，这也变相地表明磁铁距离可以被吸引物体的远近会影响磁铁对物体的吸引作用，为下节课研究磁铁怎样吸引物体做铺垫。

不使用条形磁铁是因为学生还没有学习磁极的概念，很容易拿着N、S极整面去吸引纸盒，这样不容易成功，纸盒会发生翻转而不会被吸起来；使用环形磁铁去操作，采用相似方式纸盒被吸引起来的成功率高。

利用学习进阶的方式潜移默化地帮助学生达成科学概念的构建。

在这个导入中先不做揭秘，而是接着提出下面的问题。

（二）实验探究——"哪些物体可以被磁铁吸引"

（1）设问：生活中哪些物体可以被磁铁吸引？

预设1：学生提出一些易混淆为铁制品的物体（例如硬币、不锈钢）。

追问：大家列举的这些物体都可以吗？

设计意图：第一部分学生已经看到磁铁吸引纸盒，纸盒发生了移动，紧接着追问磁铁到底是吸引了什么，纸盒才进行移动。学生知道磁铁可以吸引铁制品，但是什么是铁制品学生却很难明确区分出来，此处的设问是对学生前概念的探知。

PPT展示各种各样的材料（见图1-4-2），教师可简单介绍物品材料。

（2）设问：预测一下，哪些物体可以被磁铁吸引，哪些不可以？（学生初步填写实验记录单的"猜想"一列）此项不发磁铁，学生仅是观察这些物品进行猜测，小组内也可以轻声讨论。

学生填写完后教师将其汇总在黑板上，并将学生有疑问的物品词卡放在一边。

设计意图：这是过程性学习的第一步，让学生对所观察的事物有初步的猜想，确定研究对象，预计可能出现的结果。

实验操作：给学生发放条形磁铁，让他们用条形磁铁去吸引物品，记录观察到的现象（科学事实），补全实验记录单。

设计意图：这是过程性学习的第二步，让学生动手操作观察科学现象。

（3）设问：实验结果和我们预测的一样吗？为什么？

（让学生说说预测与事实不一致的理由）

给学生介绍1角硬币（不锈钢镀镍）和5角硬币（不锈钢镀铜）的材质。

预设1：学生问什么是不锈钢。

在70%的铁元素（成分）的基础上加入一些微量合金元素，虽然微量合金元素很少，但是起了决定性作用。不锈钢分为两种类型，一种是能被磁铁吸引的马氏体不锈钢（主要合金元素为铬），另一种是不能被磁铁吸引的奥氏体不锈钢（主要合金元素为铬和镍）。

预设2：学生问为什么1角、5角的硬币会被磁铁吸引。

荷花5角硬币是"钢芯镀铜"，最主要的成分是铁，所以可以被磁铁吸引，外面黄色的铜非常薄。

兰花 1 角硬币的主要成分与荷花 5 角硬币的主要成分相同，都是铁，所以可以被磁铁吸引。

预设 3：学生问生活中的钴、镍在哪儿？

生活中，镍主要用来制造不锈钢，手机电池的正极材料一般都是含钴材料。

设计意图：这是过程性学习的第三步，带领学生分析、推理，帮助学生形成科学思维。

（4）设问：那由此可以得出物体具备什么样的特征可以被磁铁吸引？

补充：磁铁除了可以吸引铁还可以吸引钴和镍。

预设 1：学生说都是铁制品。

追问：仅仅只有铁吗？（落点：铁制品或含有铁的成分，如硬币）

得出结论：磁铁可以吸引的物质——铁、钴和镍。

预设 2：可以被磁铁吸引的不锈钢好还是不可以被吸引的好？

理论上是奥氏体不锈钢（不可以被磁铁吸引）好一点，强度高、可塑性好，通常用磁铁来检验不锈钢的好坏，可以吸引的就不太好，不过这个也不绝对，奥氏体不锈钢在加工过程中由于成分和加工工艺的不同也会改变性状，很有可能被磁铁吸引。

预设 3：有什么不锈钢不可以被磁铁吸引？（让学生回答）

水槽、餐盘、保温杯等。

设计意图：通过观察到的科学现象，学生结合自己的猜想可自主进行推理、总结，培养学生良好的科学思维和学习过程，强调过程式学习。

（5）设问：你们觉得"听话盒子"里有什么？（拆开纸盒，进行揭秘）

设计意图：回到情境，揭示主题，小小的纸盒贯穿整个教学设计，它可以动起来是因为磁铁可以吸引铁，紧扣课程设计前半部分。

（三）磁铁隔物吸

（1）设问：磁铁和回形针之间隔着一张卡纸，回形针仍可以被吸引（展示纸盒贴有回形针的面），那中间隔着其他物体回形针还可以被吸引吗？

PPT 展示各种材料（见图1-4-3），教师可以演示如何隔着其他物体用磁铁吸引回形针。

预设1：学生说出可以隔着什么物体吸引，不可以隔着什么物体吸引。

落点：生活中的材料太多了，我们是不是可以利用刚才的实验现象，得出"磁铁可以隔着一些物体吸引回形针"的结论。

预设2：学生说到厚度，太"厚"了吸引不上。

落点：回到纸盒，这实际上就是教师可以移动纸盒但学生不能移动纸盒的原因，即磁铁距离回形针距离较远，或者说磁铁和回形针间的距离太"厚"了。

设计意图：依然是用纸盒引出磁铁的其他性质，教师进行必要的演示，帮助学生规范操作。

（2）设问：能得出什么结论？

板书——磁铁可以隔着一些物体吸引其他物体。

设计意图：启发式教学关注学生的思维过程，让学生自主观察研究，根据观察到的科学现象（事实）进行有效的科学推理，最后由学生进行总结、归纳。

（四）瓶中取物

实物投影：装水的瓶底放置了螺母。（找到合适高度的瓶子，使得条形磁铁伸入瓶中与底部的螺母有一定距离）

（1）设问：用这节课所学的知识解决这个问题。（把瓶底的螺母取出来）

预设1：学生拿着磁铁在瓶子外壁吸。

追问：你用到的是我们所学的哪个知识点？（学生：磁铁隔着某些物体可以吸引其他物体）

预设2：继续追问还有没有别的操作方法。（学生：把磁铁直接放入瓶中）那这次磁铁和螺母之间隔了什么？（学生若无法说出，则提问：瓶中装了什么）说明什么问题？（学生：磁铁隔着水也可以吸引其他物体）

设计意图：让学生亲自操作，将操作步骤与本节课所学知识一一对应，进行知识的巩固和应用；让学生对所学知识融会贯通，联系生活，解决生活中的实际问题。

（2）思考：磁铁是用什么力量来移动物体的？

设计意图：上位概念，引发学生思考；点点滴滴的学习是为了更高层次知识的获取，最终形成一个知识网络，将所学知识融会贯通；让学生会学习，勤思考。

八、【评价设计】

基于学习的进阶理念，学生构建科学概念并不是一蹴而就的，因此教学要逐步引导学生概念的形成并且层层深入。本节课精心设计了一个情境并贯穿整个课堂，利用这个情境中所出现的问题帮助学生逐级完成科学概念的构建：磁铁可以吸引铁、磁铁可以隔着一些物体吸引其他物体。

1. 前置性评价（了解学情）

通过对教学目标的解读及学生学情分析，重新定位教学起点，调整优化教学结构。对学生已掌握的东西不再过多重复，对其疑惑或者模糊不清的知识点进行梳理，形成正确的科学概念，完成科学概念的构建。

2. 过程性评价

本节课的过程性评价如表 1-4-1 所示。

表 1-4-1

项目	A 级	B 级	C 级	个人评价	教师评价
概念掌握	磁铁可以吸引铁、钴、镍；通过观察初步理解磁铁能够隔着一些物体作用于另外一些物体	只知道磁铁可以吸引铁	不能准确说出磁铁的性质是什么；磁铁只能直接对可以吸引的物体（铁、钴、镍）产生作用		
探究过程	有明确的实验目标，并得出了正确的实验结论	按照老师要求完成了实验，自己没有总结结论，但对于别人总结出的结论可以理解	不能完成实验操作，不知道如何完成		
情感态度	有严谨的观察方法和操作习惯，认识到可以用对比观察的方法观察物体	能够按照老师的要求完成实验	很难认真地进行实验和观察		

3．总结性评价

采用测试方式来检验学生的课堂内容掌握情况。（试题如下）

（1）辨一辨。（对的打 √，错的打 ×）

①磁铁能吸引所有的金属。 （   ）

②磁铁对铁制品的吸引力，是一种不需要接触物品就能起到作用的力。 （   ）

（2）小淘的爸爸有事出去了，这时一位叔叔提来一袋物品来卖，他说那些都是铁制品。该怎样区分铁制品和非铁制品？请你帮小淘想一个好办法吧，并说明你的理由。

九、【案例评析】

1．特色

（1）培养批判思维模式下的过程性学习，以及过程性板书记录。

（2）基于单元教学目标，完成课程设置。

（3）采用一个情境，贯穿整个课堂。抛出一个问题，带着学生在解决问题的过程中逐步探索并完成科学概念的构建，并将此应用到生活实际中，最后引出上位概念，引发学生思考。

（4）关注到细节的设计。学会观察，尊重科学事实，深度挖掘那些习以为常却容易被学生忽略的点。

2．反思

在科技不断发展的今天，学生获取知识和方法的途径越来越多，他们对一些知识的理解和现象的解释已经初步形成了模糊的前概念，很多情况下他们只是略知一二，但对其中的内涵不甚了了。这是教师在之前的教学过程中容易忽略的细节，认为学生说出来一些比较前端的词就默认为他们已经知道这部分知识了，深究起来其实大部分学生都很难说清楚。学生认知水平的参差，给教学水平的设定造成了一些干扰。尤其在教学设计和授课过程中往往高估或低估了学生的水平，使得科学探究的目标和意义含金量有所缺失。通过学情分析能预估学生水平，从而"对症下药"。了解学生前概念的同时更要注意到他们的认知与所要达成的科学概念的差距，弥补其中的差距和知识空白，补上概念学习的过程，经过不断地研究、实验、修订，让这个学习过程无限接近学生的认知，达到核心的强化，完成真正意义上的科学概念构建。同时，教师还需要有意识地将批判思维培养融入教学设计和板书的过程性记录中，培养和提升学生的科学素养。

十、【板书设计】

板书设计如图 1-4-5 所示。

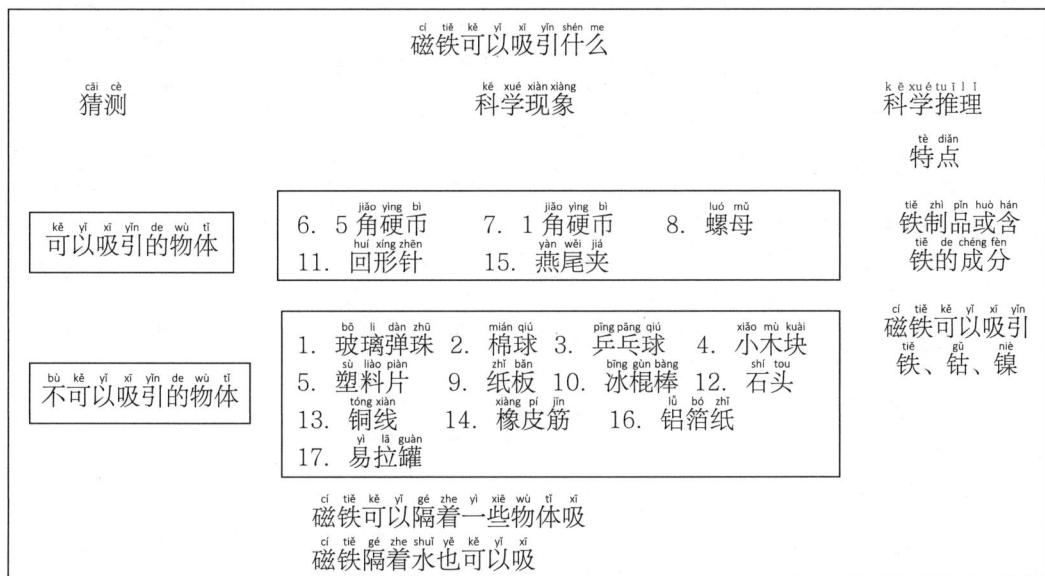

图 1-4-5

设计意图：板书分为三大块（猜想—科学现象—科学推理），是过程性板书。以批判性思维研究为主体，强调关注学生的学习过程，而非结论性学习，让学生通过自己提出的猜想去寻找证据证明自己的观点。猜测是学生的前概念，仅仅停留在想的方面，而科学现象是实际操作看到的科学事实，科学推理旨在强调科学猜想与科学现象之间的吻合或者偏差的原因，能推出什么样的结论，或者解释猜想与事实之间不同的原因。以学定教，培养学生的自主探究意识。

十一、【学生实验记录单】

"磁铁能吸引什么"实验记录单如表 1-4-2 所示。

表 1-4-2

组号			
班级		姓名	
编号	物品名称	猜想 （√或×）	事实 （√或×）
1	玻璃弹珠		
2	棉球		
3	乒乓球		
4	小木块		
5	塑料片		
6	5角硬币		
7	1角硬币		
8	螺母		
9	纸板		
10	冰棍棒		
11	回形针		
12	石头		
13	铜线		
14	橡皮筋		
15	燕尾夹		
16	铝箔纸		
17	易拉罐		
你的发现（可以被磁铁吸引的物品有什么共同点）： _____			

注：可以吸引打√，不能吸引打 ×。

"磁铁隔着物体能吸引回形针吗"实验记录单如表1-4-3所示。

表1-4-3

姓名	
班级	
组号	
隔开回形针和磁铁的物体	结果
1．布片	
2．铝片	
3．纸板	
4．塑料板	
5．木板	
6．陶瓷	
你的发现（可以被磁铁吸引的物品有什么共同点）： _____	

注：可以吸引打√，不能吸引打 ×。

第二章　生命科学

案例 1：观察叶

浙江省嘉兴市海宁鹃湖学校　陈洁

主题	观察叶		
教材版本	教育科学出版社	年级	一年级上册
单元	第一单元　植物	课时	第三课时

一、【课标内容】

7. 地球上生活着不同种类的生物。

7.1　生物具有区别于非生物的特征。

一至二年级　知道动物和植物都是生物。

二、【教学目标】

（1）科学知识：植物的叶是多种多样的，每一种叶的形状、大小、颜色等方面都具有独有的特征；知道植物的叶是有生命的，会长大、会变化、会死亡。

（2）科学探究：在教师的指导下，能用眼睛观察叶的外部特征，并用简单的语言进行描述；通过观察和比较各种各样的叶，认识到植物的叶具有相同之处和不同之处。

（3）科学态度：能在好奇心的驱使下，对植物表现出探究兴趣；愿意倾听，愿意和他人分享有关植物的信息，乐于表达。

（4）科学、技术、社会与环境：认识到植物是有生命的，是大自然的重要组成部分。

三、【学情分析】

知识方面：在本单元前两课的学习基础上，学生对叶有了基本了解，对叶的结构、外形也有了一定的认识。

能力方面：学生通过前两课的学习，具备了一定的科学探究能力，知道可以通过看、摸、闻等方法观察植物，明白先整体、后局部的观察顺序。

兴趣方面：学生对植物具有强烈的好奇心和积极的探究欲。

一年级的学生具有好动、注意力不能长时间集中的特点。对于他们而言，能否通过自己的观察发现叶的外部特征并用简单的语言描述出来，有一定的难度；能否认真倾听他人的描述，养成倾听的习惯，还需要教师加以引导。

四、【教学重点与难点】

（1）教学重点：植物的叶是多种多样的，也是有生命的，会长大、会变化、会死亡。

（2）教学难点：用眼睛观察植物的叶的外部形态特征，并用简单的语言进行描述。

五、【设计理念】

（一）教学内容

"观察叶"是教科版一年级上册第一单元"植物"的第三课，叶是在学生观察了一棵植物后，进一步缩小观察的对象。教材内容主要由"聚焦问题——叶有什么特点""探索——观察叶""研讨——叶的特点及变化"三部分组成。这三者之间并非简单的并列关系，而是层层深入的递进关系。

探索部分内容多且杂，所以在教学时对教材进行了简单的处理。在学生初步认识了各种植物的叶后，首先，通过"分一分"的活动帮助学生了解各种植物的叶在形状、颜色、叶缘、软硬等方面的不同；然后，通过"画一画"的教学环节帮助学生掌握叶的基本结构；接着，通过"辨一辨"的游戏让学生摆一摆不同生长期的叶，感受叶是有生命的；最后，让学生欣赏各种树叶贴画、叶脉书签等，激发学生课外探究的兴趣。

（二）教学方法

科学新课标指出："小学科学课程以培养学生的科学素养为宗旨，倡导探究式学习。"科学课是由一个个观察、研究、认识周围事物和周围环境的探究活动组成的，学习科学就是去参加、去经历一个个观察、研究、认识活动。科学学习要以探究为核心，探究既是科学学习的目标，又是科学学习的方式。亲身经历以探究为主的学习活动是学生学习科学的重要途径。建构主义理论强调以学生为中心，强调学生对知识的主动探索、主动发现和对所学知识的意义的主动建构。

因此，本节课教学教师以"叶有什么特点"为中心问题，让学生通过观察不同植物的叶了解叶的特点，通过画叶来掌握叶的基本结构，通过辨叶感受叶是有生命的。这样的一个学习过程实际就是让学生通过一个个活动，深入了解认识植物的叶。

六、【教学准备】

（1）教具：各种形状、颜色各异的叶，PPT。

（2）学具：各种形状、颜色各异的叶（芭蕉叶、樟树叶、枫树叶、银杏叶、雪松叶、桃叶、梧桐叶、桂树叶、柳叶，其中樟树叶有嫩叶、老叶），一根有叶芽、嫩叶、老叶的植物枝条（枝条贴在展板上，被剪下的叶背面贴上双面胶），记录单。

课前准备：学生收集植物的叶。

七、【教学过程设计】

总体思路：

教学流程示意图如图 2-1-1 所示。

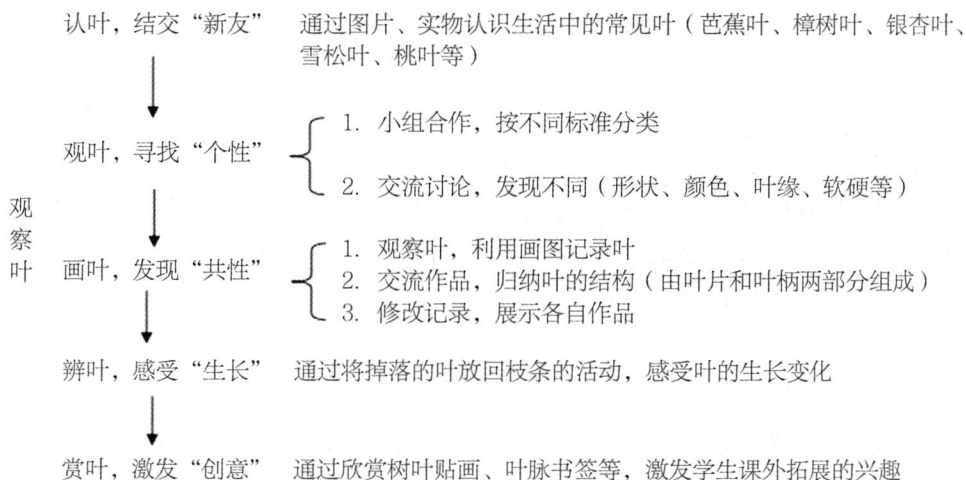

认叶，结交"新友"　通过图片、实物认识生活中的常见叶（芭蕉叶、樟树叶、银杏叶、雪松叶、桃叶等）

观
察
叶

观叶，寻找"个性"
1. 小组合作，按不同标准分类
2. 交流讨论，发现不同（形状、颜色、叶缘、软硬等）

画叶，发现"共性"
1. 观察叶，利用画图记录叶
2. 交流作品，归纳叶的结构（由叶片和叶柄两部分组成）
3. 修改记录，展示各自作品

辨叶，感受"生长"　通过将掉落的叶放回枝条的活动，感受叶的生长变化

赏叶，激发"创意"　通过欣赏树叶贴画、叶脉书签等，激发学生课外拓展的兴趣

图 2-1-1

（一）认叶，结交"新友"

（1）今天，有位新朋友来到了我们教室，你们看。（教师拿出准备好的叶）

它是？（预设：学生回答是叶）

教师板书：叶。

（2）你想和它做朋友吗？（教师出示芭蕉叶）它是什么颜色的？它像什么？（预设：学生回答它是绿色的，像小旗）它有个名字叫芭蕉叶。

（3）芭蕉叶是绿色的，那它是不是叶？（教师出示黄褐色的梧桐叶并将梧桐叶贴于黑板上）你能介绍一下它的颜色和样子吗？（预设：学生回答它是黄褐色的，像小手）

（4）那它是不是叶？（教师出示雪松叶并将雪松叶贴于黑板上）你认识它吗？（预设：学生回答它是绿色的，像针，尖尖的）

（5）谁能介绍下你带来的新朋友？

学生上台介绍。（教师将学生介绍的叶贴于黑板上）

（6）在大自然中还有许多许多的叶，今天我们就来和它们做朋友。

设计意图：引导学生认识芭蕉叶、梧桐叶、雪松叶，采用初步渗透观察的方法，为下一环节的分类做准备。

（二）观叶，寻找"个性"

（1）我们认识了这么多的叶，你想不想和它再近距离接触一下呢？你想不想摸摸它？想不想闻闻它的味道？

那老师有些条件，每个人从小纸盘中挑选一片树叶朋友，利用你的小眼睛、小鼻子、小手全面地认识一下你的新朋友。如果遇到难题，可以和你的同桌悄悄讨论。

小组领取材料，学生先独立观察。

设计意图： 通过提出问题，引导学生学习观察叶时可以运用的观察方法；注重对学生观察能力和描述能力的培养。

（2）这么多叶看起来有点累，你能不能按叶的形状分类呢？

教师请学生上台分一分叶。

预设引导语：这一片分在哪里？这一片又分在哪里呢？

设计意图： 选一位表现好的学生上台分一分叶，调控学生的纪律；让学生上台来说一说，满足一年级学生说的欲望；挑选听得认真的学生，树立倾听的榜样，以便学生养成良好的学习习惯。

（3）还能怎么分呢？你能不能帮这些叶分分类？你可以像老师这样分一分，也可以有不同的分法。

（4）小组领取小纸盘，合作给叶进行分类。

预设：学生以叶的大小、颜色、形状、气味、叶缘、软硬等为标准。

设计意图： 通过和学生一起完成按形状分一分的活动，帮助学生建构图形的概念。让学生按其他标准分类，明确叶在大小、颜色、形状、气味、叶缘、软硬等方面各不相同，体会生物的独特性。

（三）画叶，发现"共性"

（1）我们的树叶朋友各不相同，但也有一样的地方。你能给它画个画像吗？请每位小朋友选择一片自己喜欢的叶，小组长将余下的叶和小纸盘收上来换记录单。

学生动笔画一画，涂上和叶的颜色相近的颜色。

（2）展示学生作品。

预设：先请其他同学猜一猜画的这是什么叶（2个学生展示），展示时直接介绍自己画的叶，并说一说是如何画的，画了哪些部分。

预设回答：都有叶片、叶柄，叶片上有叶脉。

（3）学生修改自己的作品。

设计意图： 在画叶的过程中，学生会对叶进行更为细致的观察，了解叶的结构特征。对真叶作画，重在培养学生的记录能力和记录习惯。

（4）我们一起来看一看，我们画的叶都有什么呢？请同学们将画好的画按叶的形状（椭圆形的、扇形的、手掌形的、细长形的）贴到教室的四个区域内，贴完后可以看一看和你贴在一起的同学的画。

学生将自己的作品按要求贴到指定区域。

（四）辨叶，感受"生长"

（1）老师这里有一根枝条，它上面的几片叶掉下来了，你们能帮这些叶回家吗？

小组领取材料：一根枝条和被剪下的叶。

（2）你们有什么新发现吗？同一根枝条上的叶有怎样的变化呢？

预设引导语：前面的叶是什么颜色的？后面的呢？大小有没有不同？其他还有吗？

预设学生发现：颜色浅、较小的是小时候的叶；颜色深、较大的是长大后的叶；枯黄的叶是老叶，树叶也会长大。

（3）就像同学们猜测的那样，我们的小树叶从小小的叶芽开始，慢慢地长大，从嫩叶变成老叶，最后枯萎掉落，化作肥料滋养着大树、小草。

设计意图： 通过"找位子"的游戏，吸引学生的注意力。通过动手摆一摆，让学生了解叶是会慢慢长大的，体会叶是有生命的。从人文的角度出发，让学生说一说叶的一生，感受叶的生长，体会自然界的神奇。

（五）赏叶，激发"创意"

（1）今天，我们认识了这位了不起的新朋友，它有绿的、红的、黄的多种颜色，它也可能像鸡蛋、像扇子、像手掌。瞧！它还会变魔术呢！

让学生欣赏树叶贴画、叶脉书签、树叶寄语等图片。（实际教学附图说明）

（2）你想和你的树叶朋友一起变魔术吗？回家和爸爸妈妈一起动手试一试吧！我们相约下节课一起来见证奇迹哦！

设计意图：将树叶贴画说成是树叶在变魔术，激发学生尝试的欲望。鼓励学生制作创意贴画，进一步引起他们探索自然、发现自然的兴趣，激发学生对科学的喜爱。

八、【评价设计】

（一）评价原则

评价主体为学生，鼓励学生创新实践。

（二）评价方式

1. 学生评价

（1）课堂评价：在课堂的展示时间，要求学生在展示记录单时先对自己的记录进行简单的自我评价，有一个初步的自我认识。

（2）拓展评价：将学生课后制作的树叶贴画进行年级比赛，从美观、创新等方面综合评价。

2. 教师评价

（1）鼓励性评价：在学生回答问题和讲解观察发现时，要对学生进行鼓励，鼓励要有针对性，根据学生的特点实事求是地进行评价，这样学生才会认为教师真正在关注他。

（2）总结性评价：在学生回答问题或者评价作品后，教师要做出总结性评价，总结性评价力求客观，但也要以表扬、鼓励为主。

3. 实验室墙展示

将优秀作品展示出来，贴在实验室的展示区内，评选出一、二、三等奖，为学生分发小奖状予以鼓励。

九、【案例评析】

本节课的教学设计有以下两大特色。

1. 明确教学目标，细化学习任务

教学目标是学习任务的出发点和归宿。因此，教师在确定教学目标后，要根据实际情况把总目标细化成若干个小目标，再根据小目标设计各个教学环节。本节课我设计了五个环节：认叶、观叶、画叶、辨叶、赏叶。根据一年级学生的年龄特点，通过不断更改活动的材料以吸引学生的注意力，组织课堂的纪律。

2. 创设梯度情景，培养探究能力

创设阶梯式问题情景，在设置问题情景时符合学生的认知规律和年龄特点，遵照循序渐进的原则，问题设计由浅入深、由易到难、由简到繁、层层递进，使学生易于接受，引导学生一步步完成教学目标。

本节课我以叶的特点为主线，让学生从各种植物的叶中掌握叶的多样性，知道叶具有相同的结构；通过观察同一棵植物不同阶段的叶，感受叶是会生长的，也是有生命的；通过欣赏各种树叶贴画、叶脉书签，激发学生的课外探究兴趣。

十、【板书设计】

板书设计如图 2-1-2 所示。

图 2-1-2

设计意图：将各种各样的植物的叶贴于黑板上，有助于学生比较出叶的相同点和不同点，对叶的认识有一个认知冲突，从而归纳出叶的共同特征。

十一、【学生实验记录单】

学生实验记录单如表 2-1-1 所示。

表 2-1-1

班级		姓名		日期	
要求：画一片叶，尽量画得完整，并涂上颜色					

案例 2：观察一种动物

北京市第九十四中学朝阳新城分校　姚婧轩

主题	观察一种动物		
教材版本	教育科学出版社	年级	一年级下册
单元	第二单元　动物	课时	第三课时

一、【课标内容】

7.1.1　知道动物是生物。

7.2.1　说出生活中常见动物的名称及其特征；说出动物的某些共同特征。

9.1.1　举例说出动物可以通过眼、耳、鼻等感官感知环境。

一至二年级

（1）在教师的指导下，能利用多种感官或者简单的工具，观察动物的外部形态特征及现象。（科学探究—收集证据）

（2）在教师的指导下，能用语言初步描述信息。（科学探究—处理信息）

二、【教学目标】

（1）科学知识：知道蜗牛身上有壳、腹足、触角（两对）、眼睛、口等，这些身体结构能够满足它们的生存需要；知道蜗牛能对外界的触碰产生反应，如触角收缩、身体缩进壳内等；知道蜗牛运动缓慢，能利用腹足在不同的物体表面爬行。

（2）科学探究：在教师的指导下，能利用观察工具，学会有序观察蜗牛的身体外部特征，了解蜗牛身体各部分的特点和作用，以简图的记录方式对观察结果进行记录；在教师的指导下，能尝试用科学词汇来完整地描述蜗牛身体的特点。

（3）科学态度：能在好奇心的驱使下，对蜗牛表现出探究兴趣；愿意倾听、分享他人有关蜗牛的发现，乐于表达自己的观察发现。

（4）科学、技术、社会与环境：认识到蜗牛是有生命的，是大自然的重要组成部分，产生爱护动物的意识。

三、【学情分析】

通过对一年级的部分学生和任课教师进行访谈，了解到学生对于动物了解得比较多，有些家庭也饲养过动物，但大多数学生更多是在动物园里见过动物。本节课选择的蜗牛，学生在科学知识方面只是停留在见过蜗牛的阶段，但没有长时间观察过蜗牛，记忆比较零散；在观察记录能力方面并没有形成科学的观察方法，无法运用文字进行记录。学生的思维方式处于以形象思维方式为主的年龄阶段，目的性、有序性不强。

为了更好地了解学生基础，我在课前让学生画一画自己所认识的蜗牛的样子，具体到蜗牛的眼睛、口、触角都在什么位置。

通过学生画的蜗牛，发现学生能够大致画出蜗牛的身体，但对于眼睛、触角等特征的位置、数量还不太清晰。

四、【教学重点与难点】

（1）教学重点：在教师的指导下，能利用观察工具，学会有序观察蜗牛的身体外部特征，了解蜗牛身体各部分的特点和作用，以简图的记录方式对观察结果进行记录。

（2）教学难点：在教师的指导下，能尝试用科学词汇来完整地描述蜗牛身体的特点。

五、【设计理念】

（一）教学内容

"观察一种动物"是教科版一年级下册第二单元"动物"的第三课，本单元的内容隶属于生物科学领域。"观察一种动物"一课，侧重培养学生的观察能力和勇于探究的精神，梳理出"聚焦问题—探索发现—观察记录—知识拓展"这样的教学过程，同时注重引导学生学会有序观察，用科学绘画的方法为开展探究活动奠定基础。

通过本节课的学习，让学生逐步建立起"动物是生物"的概念，把"探究式学习"的课程理念最终落到实处。

（二）教学方法

《中国学生发展核心素养》提到"文化基础"这一方面的"科学精神"素养中"勇于探究"这一基本要点，对学生提出"具有好奇心和想象力；能不畏困难，有坚持不懈的探索精神；能大胆尝试，积极寻求有效的问题解决方法等"的要求。由此我发现"观察一种动物"一课虽然是低年级的教学内容，但这节课所承载的任务是艰巨的，从对学生的文化基础到科学精神，再到勇于探究的习惯培养都要在这一课中落实，而这些对一年级学生来说难度非常大。因此，我根据学生的年龄特点结合教学内容，通过分析学情，解读教材，以培养学生的探究精神为落脚点，以让学生能够勇于探索这一培养点为本进行教学。本节课通过让学生观察真实的动物，进一步深化了学生对动物的认知。

六、【教学准备】

（1）教具：蜗牛（活体）、放大镜、棉签、透明盒子。

（2）学具：PPT。

七、【教学过程设计】

总体思路： 在前一课的基础上，本节课将进一步缩小观察对象，对一种小动物进行细致、深入的观察。本节课的标题是"观察一种动物"，我们教科书里面选定了容易得到、行动缓慢、便于观察及学生喜欢的蜗牛，教学采用为蜗牛报名参加运动会为主线，设计出了"提交报名表—赛前体检—参赛"等有趣的教学环节来贯穿本节课，让学生在活动中观察蜗牛，逐步掌握观察的方法。

一年级学生的观察活动需要在教师的带领下开展。教师要为学生提供观察工具、提供科学词汇、确立观察顺序（先观察蜗牛的形态和反应，再观察蜗牛的运动）。

学生经历了蜗牛运动、反应、进食等方面的观察和描述，就可以进一步深化对动物生命特征的认识，这也是本单元的核心目标。所以，本节课的教学就是一堂基于观察的科学探究课。

（一）聚焦问题

（1）谈话：彩虹动物学校将要举行第六届趣味运动会，班主任长颈鹿老师早早地就将报名表发给了全班同学，可小蜗牛不会画画，于是寻找到我们，想让我们帮助它填写好报名表。之前同学们都帮小蜗牛完成了趣味运动会的报名表，班主任长颈鹿老师在核对了报名表的信息后发现了一件有意思的事情，同学们都是照着小蜗牛画的，可看起来为什么各不相同呢？

提问：我们一起来看看同学们是如何画的吧，这是谁画的？（教师播放PPT）

三位同学所画的蜗牛的图片如图2-2-1所示。

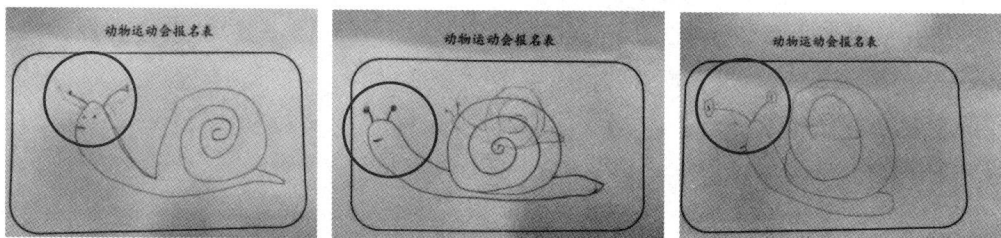

图 2-2-1

（2）教师追问：你是怎么画的蜗牛呢？先画的哪里？后画的哪里？

（3）聚焦问题：我们刚刚看了图片，的确蜗牛画得不一样，但是到底哪里一样？哪里不一样？你发现了什么？

（教师板书，写问题）

预设板书：蜗牛有触角吗？

蜗牛有眼睛吗？

蜗牛的嘴巴在哪里？

蜗牛软软的身体有多长？

设计意图： 通过蜗牛参加趣味运动会的方式，引起学生的兴趣，激发学生帮助小动物的爱心，调动学生学习和观察的积极性。挑选学生画的典型图，了解并分析学生前概念，指导学生观察蜗牛画像的不同，引起学生认知冲突，将问题聚焦在触角的数量，眼睛的位置，腹足的样子、长短等。

（二）探索发现

（1）谈话：那么蜗牛到底是什么样子的？如果老师给你们提供一个真实的蜗牛进行观察，你想怎么观察？

预测：观察蜗牛的身体。

过渡：老师有一些想提醒大家的事情。

追问：我们在观察蜗牛时重点要观察蜗牛的哪些部位呢？（教师提示学生分析关键点）

（2）谈话：还需要注意什么？

预测：要安静。

教师强调观察要求：关爱蜗牛，动作要轻柔，声音轻一些，绝不大惊小怪或者大声叫嚷，爱护并尊重它，万一碰到它，蜗牛缩回去就没有办法观察了，看看谁能在静静地观察中解决我们的疑问。

（3）学生观察并记录蜗牛。

①用肉眼观察蜗牛。

A．学生分小组观察蜗牛，强调安静观察。

B．学生观察结束后修改报名表。

C．学生进行汇报分享。

②使用放大镜观察蜗牛。

过渡：为了让同学们能够更清楚地观察蜗牛细小的地方，老师帮大家准备了放大镜。

学生上台示范。

（4）教师小结：通过同学们的观察，蜗牛有眼睛、触角、口、腹足、壳。（教师板书科学词汇，边说边写）

（5）教师总结：蜗牛的身体由一个硬硬的壳和软软的身体组成，从头到脚有四个触角，在大触角的顶端有两个眼睛，下面有一个嘴巴，它的腹足软软的，可以爬行。蜗牛的身体结构如图 2-2-2 所示。

图 2-2-2

设计意图： 教给学生实验方法，帮助学生明确实验注意事项。第一次学习观察动物，要有顺序、有目的、有重点地观察，引导学生归纳概括出蜗牛的身体结构特点。学生通过使用放大镜观察及教师提供的视频了解清楚了蜗牛的真实样子。

（三）观察记录

导语：

同学们都出色地帮小蜗牛完成了报名表，班主任长颈鹿老师告诉参赛者接下来要进行赛前体检，只有健康的小动物才能代表班级参赛。长颈鹿老师说完后，同学们都飞奔着去了卫生站，小蜗牛走得很慢，等它来到体检室时，门口已经排起了长长的队伍。可眼看着比赛马上就要开始，再不体检就来不及了，要是参加不了比赛可怎么办呢？

（1）提问：卫生站的小兔子医生给大家提供了一个棉签，你会怎么用它来帮小蜗牛体检呢？

提示：在触碰小蜗牛时用棉签轻轻地碰一下触角，不要伤害它，你们觉得小蜗牛被棉签碰到后会有什么反应？

（2）提问：小蜗牛的腹足怎么体检呢？

追问：你有没有关注到它是怎么爬行的？它爬行的时候触角有什么作用？

（本节课难点）你能不能进一步猜想触角在做什么呢？

过渡：因为小蜗牛在爬行的时候触角随之运动，所以触角可能起到帮助爬行的作用。那么触角到底有没有帮助小蜗牛探路呢？很多同学都没有注意到，当然这是我们的一个猜测，需要我们去验证一下。（突破教学难点：利用实验验证自己的猜想，明确小蜗牛触角的作用）

（3）通过刚才的交流，我们总结一下需要帮助小蜗牛体检的内容都有哪些。

第一项内容：观察棉签触碰小蜗牛时，它的触角和身体是什么反应。

第二项内容：观察触角和腹足是不是在帮助小蜗牛运动。

（4）学生观察：再次给你们时间观察，请一位同学拿出棉签，另一位同学拿出小蜗牛，同学们一定要安静地观察，不然小蜗牛缩回去就看不到小蜗牛的运动了。

（5）学生总结：小蜗牛的腹足是呈波浪状、向前蠕动的。小蜗牛在行走过程中，它的腹足还会分泌一种黏液来帮助它行走，在腹足和黏液的配合下，小蜗牛就有了大大的爬行本领。

教师补充：小蜗牛能够爬行的地方其实还有很多，我们来看一看。（教师播放视频，让学生观看小蜗牛爬行过程中的样子）

（6）教师总结：通过同学们给小蜗牛进行体检，我们发现当棉签触碰小蜗牛的时候，它的触角和身体能够很快缩回去，反应迅速，而且触角在爬行时的确一直在转动，由此证明小蜗牛的触角确实在探索路线。同时，小蜗牛还可以利用它的触角和腹足爬行，这说明小蜗牛是很健康的，可以参加运动会的比赛。

设计意图：指导学生进行合理猜想，引导学生自然深入第二层观察，即观察小蜗牛身体的各部分的作用。突破难点：小蜗牛触角的作用。引发低年级学生积极思考，启发学生思考得出小蜗牛能够运动主要依靠的是腹足。

（四）知识拓展

导语：历经千辛万苦，我们终于帮小蜗牛来到了比赛现场，比赛马上要开始了，让我们一起来为小蜗牛加油吧。（见图2-2-3）

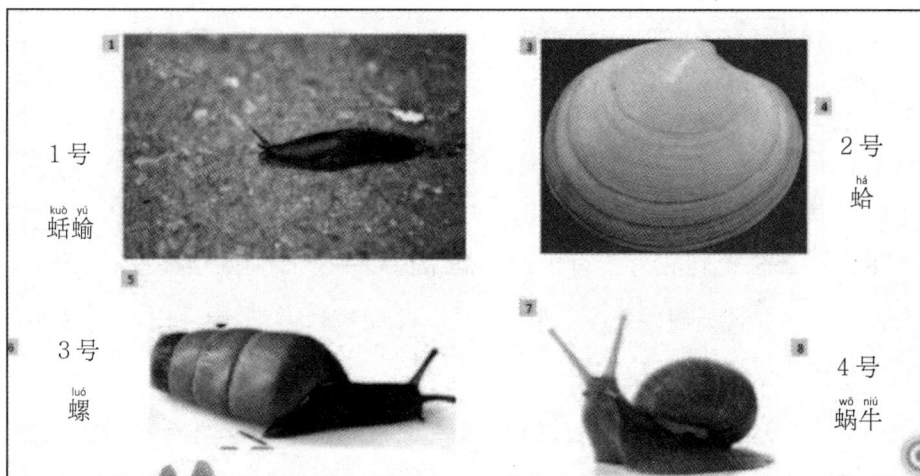

图 2-2-3

（1）首先，向我们迎面走来的1号选手是？咦，这是小蜗牛吗？你们怎么看出来它不是的？哦，它叫蛞蝓，我们俗称鼻涕虫，它喜欢潮湿，一到下雨天我们就能在墙角发现它的踪影。

（2）2号选手它是小蜗牛吗？它和小蜗牛哪里不一样？它叫蛤，生活在海中，在退潮时我们可以在沙滩上发现它们。

（3）3号选手来啦，小蜗牛加油！它和小蜗牛有什么不同？还是同学们火眼金睛。它叫螺，也是一种水生生物。

（4）4号选手。啊，就是我们的小蜗牛！现在我们可以给4号选手小蜗牛加油了。

通过一节课的相处，小蜗牛和大家都非常的愉快，为了感谢大家帮它成功参加了运动会，下节课它想邀请大家去它的家里做客，那我们下节课见吧！

设计意图：初步培养学生通过抓动物外形特征进行分类的科学意识，运用此方法能够更好地认识其他动物。

八、【评价设计】

按切入的时机和发挥的功能来区分，教学评价可以分为形成性评价和总结性评价。我在本节课的教学中，适时地采用了这两种评价方式。

1. 形成性评价

形成性评价注重对学生学习过程的关注，其作用是使学生了解自己的学习状况，有助于学生发展自主学习。我在本节课教学中设计了一系列具有良好结构性的问题，向学生设问，并及时有效地加以评判和反馈，学生在整堂课中都得到了合理有效的评价。这种贯穿于全课的形成性评价既有利于学生的自主学习，也能帮助教师及时调整教学策略。

2. 总结性评价

以往一节课的总结性评价无非是学生做做习题或者由教师发表一番感慨，这种评价模式往往是低效甚至是无效的。无论是做习题还是听教师发表感慨，都没有暴露学生的真实想法，其评价效果可想而知。我在本节课教学结束前创设了一个情景——"学生帮助小蜗牛报名参加运动会"，让学生进行角色代入，学生围绕着这个情景观察真实的蜗牛，从中理解观察要有序进行，从整体到局部不断细化观察，从而更深入了解动物。

九、【案例评析】

本节课的教学设计有以下两个方面的特色。

（1）给学生提供真实的蜗牛，在课堂中给予学生充分的时间观察蜗牛，让学生了解到观察是有目的性地进行观察，从整体到局部、从肉眼到工具、从静态到动态、从结构到功能。通过一年级学生的学习和平时的生活经验，提供真实的蜗牛让学生观察能够让学生印象更加深刻。

高阶思维是建立在低阶思维的基础上的。低阶思维主要是记忆、理解、应用；高阶思维更多是分析、评价、创新。低阶思维发生建立在人已经知道如何做的情况下，即所要解决的任务或者题目仅需要存取、注入，或者仅需要列举已经到手的较容易获得的信息与概念；而高阶思维强调，个人以一种对于自身而言较新奇的方式来利用信息和概念去解决一个难题或者任务。所以本节课设计出给蜗牛画报名表从而引出一系列环节，使得趣味性更强。

（2）在本次教学活动中，教师给予了学生充分的时间和空间去拓展思维。本节课的难点是引导学生先猜想蜗牛身体结构是什么样的—找出矛盾点（触角、口等难于观察的结构）—观察蜗牛探究取证—得出结论—总结概念的过程。教师利用生生交流和师生交流，给予学生适当的指导，帮助学生一点点组织语言，用科学词汇描述出蜗牛的特征。学生在教学中实际面临的问题是层层递进的，学生的思维是螺旋上升的。这些活动的设计和开展切实发展并提升了学生的思维逻辑能力。

案例3：土壤——动植物的乐园

重庆市江北区新村实验小学　李真

主题	土壤——动植物的乐园		
教材版本	教育科学出版社	年级	二年级上册
单元	第一单元　我们的地球家园	课时	第二课时

一、【课标内容】

12.1　动植物之间、动植物与环境之间存在着相互依存的关系。

12.2　动物的生存依赖于植物，一些动物以其他动物为食。

12.3　动物会给植物的生存带来影响。

14.　地球上有大气、水、生物、土壤和岩石，地球内部有地壳、地幔和地核。

14.3　陆地表面大部分覆盖着土壤，生存着生物。

一至二年级　观察并描述周围的土壤中生长着的植物和生活着的动物。

二、【教学目标】

（1）科学知识：知道土壤中生活着一些动物和植物。

（2）科学探究：能用更全面、更细致的方法对土壤进行观察、记录，并能用清晰、准确的语言描述观察到的内容；结合观察所得，尝试思考土壤是动植物成长乐园的原因。

（3）科学态度：对继续探究土壤，以及依靠土壤生活的动植物产生兴趣。

（4）科学、技术、社会与环境：懂得保护生活在土壤中的动植物。

三、【学情分析】

经过上节课的学习，学生对地球家园有了一个整体的认识，这节课则聚焦学生身边熟悉而陌生的土壤。说熟悉是因为土壤太常见了，说陌生是因为学生可能从未细致、全面地去观察过土壤，更别说深入地思考生活在里面的动物、植物和土壤之间的关联是什么。基于这样的前提，教师就要为学生提供一个仔细深入地观察校园里土壤的机会，并逐渐引导学生思考三者之间的关系。

经过学习，如果学生的认知水平和能力没有得到提高，那么就是无效的课堂。二年级的学生普遍掌握了一些基本的观察方法，如何让学生的观察能力再得到提高，这就需要教师为学生搭建"脚手架"，推动学生更全面、更深入地进行观察，提升学生的能力和思维的发展。另外，在观察交流中可能出现学生根据某个特征就片面地用自己的猜测来定义该物体的情况，这时候教师要帮助学生区分出真实观察到的物体和猜测出来的物体，养成实事求是的态度。

教科版（2001年版本）五年级的"土壤中有什么"一课中也有观察土壤的内容，但是在确定教学目标及教学重点、难点的时候，则要从二年级学生的年龄特点及认知水平出发而设定，不能完全照搬。

四、【教学重点与难点】

（1）教学重点：运用多种观察方法，有顺序地对土壤进行全面、细致的观察、记录和交流。

（2）教学难点：能对真实观察到的物体和经过想象、推测出来的物体进行区分。

五、【设计理念】

（一）教学内容

"土壤——动植物的乐园"是教科版（2017年版本）二年级上册第一单元"我们的地球家园"中的第二课。观察是提高学生认知能力的一个基本途径，通过观察和比较，提高学生的认知能力、思维能力。本节课充分利用观察活动，让学生在对校园里的土壤进行观察的过程中，通过不同的观察方法，以画图和文字的方式记录发现，并逐渐了解到土壤里居然还有那么多的动植物生活着。激发学生的观察兴趣，进而深入思考：土壤里的动植物为什么都将土壤作为自己的"家园"呢？再根据观察所得，有依据地推测土壤、动物、植物之间的联系，树立起学生的环境保护意识。

就知识层面而言，教学内容并不难，学生通过自主的学习交流也能顺利完成知识目标。那么，如何培养学生的科学素养，提升学生的能力呢？从观察能力这个角度来说，这就需要教师在其中适时地进行引导，帮助学生学会运用更全面的观察方法：从基本的感官观察到对比观察；从单纯的肉眼观察到学会借助工具观察；从无序的观察到有序的观察；从泛泛的观察到全面、细致的观察。教师借助这些方法逐渐提升学生的观察能力。从科学态度这个角度来说，学生在相互交流的过程中，学会质疑、学会尊重客观事实、学会小心求证。从情感教育这个角度来说，帮助学生将土壤、动物、植物三者之间建立起联系，让学生懂得保护土壤和生活在土壤里的动植物。

（二）教学方法

学生是课堂的主体，教师不能"满堂灌"的传授知识，所以本节课主要采用了小组学习法，以学生的自主探究为主，重视合作学习。小组内先进行交流、记录、汇总，再进行全班互学——小组与小组之间的交流，在和大家交流的过程中，不断地质疑、补充，逐步梳理出观察的方法，思考交流土壤是动植物乐园的原因。整节课教师都只是扮演引导者，充分体现学生的主体地位。另外，本节课还运用了探究式学习法。

六、【教学准备】

（1）教具：PPT、动植物的图片贴纸。

（2）学具：每组材料包括一盆土壤、一个小铲子、两个放大镜、一张实验记录单、一个盘子。

七、【教学过程设计】

总体思路：本节课要让学生知道土壤里生存着一些动物和植物。教师需要引导学生合理提出设想并得出结论，从培养学生科学素养的角度出发，首先，引导学生以小组合作的形式对土壤进行自主观察，在生生之间的分享交流中，学生结合教师的指导，对学到的观察方法进行分类、整理和归纳。学生不仅能逐渐学会更多的观察方法，意识到认真观察这一科学态度的重要性，并且随着交流的深入与方法的累积，学生还能在不断的观察和思考当中，发现土壤里居然生存着如此多的动植物。然后，教师引导学生深入思考这些动植物为什么都选择土壤作为自己的乐园，进而让学生树立起环保的意识，不去破坏土壤这一生态环境。所以，本节课不仅是一节科学课，还是一节德育课。

（一）引入观察任务——观察"校园内的土壤"

（1）播放"植物在土壤中破土而出"的视频，引出植物生活的地方——"土壤王国"这一核心内容。

（2）PPT 展示校园花坛一角的照片。

教师：这个地方大家熟悉吗？有没有土壤？

（3）教师出示从花坛里带来的一小部分土壤实物。

导语：猜一猜土壤里面可能有些什么？

设计意图：从学生熟悉的校园花坛里的土壤入手，将土壤带进教室，更能激发学生的探究兴趣。在猜测土壤里面有什么的时候，也更有针对性，避免学生胡乱猜测。

（二）分组观察活动

（1）出示观察要求。

①运用多种感官进行仔细的观察。

②用画图和文字相结合的方式及时将发现记录到实验记录单上。

③提供工具——小铲子和放大镜。

设计意图：教师只是为学生搭建一个观察的支架，提供必要的观察工具，提出基本的观察要求与记录要求，学生需要积极开动脑筋进行自主观察与交流。

（2）教师示范：用小铲子铲出一部分土，放在白纸上进行观察。（教师巡视学生分组观察情况）

（3）学生汇报、交流。

教师提醒学生：同学们，当别人在给我们分享的时候，我们应该看着大屏幕，安静地、认真地听，如果你还有不一样的发现，等台上的同学说完以后可以举手补充。

设计意图：认真倾听是学生必须具备的基本素养，这也为后面进行充分的交流打下基础，同时也是告诉学生要尊重他人，不要打断别人说话。

（4）教师将学生的发现用图文结合的方式呈现在黑板上。在这个过程当中，教师对学生的发现进行梳理，并且引导学生对观察方法进行归纳总结，从而得出更细致标准、运用科学语言描述的结论。

预设引导。

①学生能说出观察到的物体的具体名字，但是是很少见的，对于这种情况，教师追问：你看到的物体是什么样子的？

②学生说不出观察到的物体的名字，但能描述出样子的，可以展示出来后再进行观察、描述，最后确认是什么物体。

导语：但是在大自然当中，我们还可能遇到很多从来没见过也说不出名字的东西，我们该怎么办？直接不观察吗？如果观察，应该观察哪些方面？

③在运用对比观察方法的时候，引导学生归纳出该方法，如蜗牛壳是与蜗牛进行了对比的。

④导语：你们用到听的方法了吗？听到是一种收获，没有听到其实也是一种收获，证明里面很安静。

有用尝的方法的吗？在不知道是否安全的前提下不能随便尝，但是尝也是一种重要的观察方法。

⑤如果明显不是学生亲眼看到的情况，如发现了微生物，教师引导学生思考：也许土壤里面确实有微生物，但是我们用肉眼能看到吗？还需要工具才行。

设计意图：在交流的过程当中，教师适时地介入提问、评价，引导学生准确地描述，以及进行更深入的思考和提炼总结。

（5）导语：仔细看一看他们的发现，再对比你们自己的实验记录单，有没有不一样的地方需要补充的？还有疑问吗？

设计意图：学生在不断的倾听过程中，思维也被积极调动起来，不光听，还要进行对比，找出不一样的发现进行补充与质疑。

（6）归纳整理出方法。

①看（颜色、大小、形状、花纹、结构组成）；

②摸（软硬、光滑、厚薄）；

③闻（气味）；

④听（听声音，没有听到声音有可能说明很安静）；

⑤尝（尝也是一种观察方法，但为了我们的安全着想，不能随便尝）；

⑥对比观察；

⑦借助工具观察。

设计意图：鼓励学生运用多种感官，并且借助工具对土壤进行细致的观察和记录。在交流的过程中，逐渐将学生在观察中运用到的方法进行提炼归纳，使学生能自主地学习运用，对观察方法有系统的认识。

（三）总结发现，汇总观察方法

（1）谈话：看！大家的发现可真多！原来土壤王国里这么热闹啊！

设计意图：将认真、全面观察后的结果与之前的了解进行对比，让学生体会到仔细观察的重要意义。

（2）谈话：土壤里面住着小虫子、蚂蚁、蚯蚓……这些都属于"动物"；树枝、枯叶、蘑菇……这些都属于"植物"；小石头这些，我们就称它们为除动物、植物以外的"其他类"。

设计意图：对发现进行统计、归纳、分类，有助于提高学生的思维水平。

（3）谈话：它们都把家安在了土壤里，土壤真不愧是动植物共同的乐园呀！（揭示课题）

（4）交流：同学们，通过我们今天的仔细观察，和你们以往对土壤的了解相比较，你们有什么收获想分享一下吗？

（5）设问：你们知道今天为什么会发现土壤里有这么多的动植物吗？

教师总结：我们今天能有这么多的收获，离不开我们从整体到局部的观察顺序，离不开多种观察方法的运用，更离不开我们细致的观察态度！这些对于我们收集信息都很重要。

设计意图： 这个环节除了帮助学生整理归纳观察所得，更重要的是引导学生进行前后回顾，意识到观察方法、观察态度的重要性，从而逐渐培养起学生良好的科学素养。

（四）深度思考土壤是动植物乐园的原因

（1）设问：你们有思考过吗？动植物为什么都喜欢生活在土壤里？

学生展开交流。

提醒学生结合自己的观察所得进行合理的推测。比如，因为我们观察到了水，所以推测可能是因为小动物们喜欢潮湿的地方；我们观察到土壤很软，从而推测可能是因为小动物们喜欢柔软舒适的环境。

（2）总结谈话：所以，土壤里的动物和植物相互影响、相互帮助，谁都不能缺少谁！

设计意图： 引导学生进行深度思考，将土壤里面这些看似孤立存在着的事物联系起来进行思考，从而意识到动物、植物与其他类东西之间的相互帮助、相互影响的关系，在以后的生活中，相信学生也会更小心地保护它们，不随意去破坏它们之间的生活，产生保护的欲望。

（五）全课总结

谈话：今天我们只是观察了这么一小块土壤，就有这么多有趣的发现，如果走进大自然观察更广阔的土壤，肯定会有更多的发现，期待你们课后对大自然的土壤继续观察。

设计意图： 希望学生在课堂上学到的观察方法、形成的观察态度能够伴随着学生去观察大自然中的土壤，以及其他的事物，对大自然产生更大的热爱。

八、【评价设计】

在本节课的教学当中，适时地采用了两种评价方式。

1. 过程性评价

学生在学习科学的时候很大程度上受其原有的知识、经验、认知结构的影响，因此很有必要在教学准备阶段进行学情的诊断，让学生和教师了解学习的出发点。首先，本节课以访谈的形式获知学生对校园内土壤的了解程度，帮助教师明确本节课的教学目标及教学重点、难点；其次，在学生的交流汇报中，教师适时地追问，如"你是用什么方法观察到的？""你为什么猜测可能是这种东西？""有什么依据吗？"这些都是通过对学生的科学探究进行适时的评价提问，从而来引导学生进行更深入的思考，提炼出自己的观察方法；最后，小组与小组之间的交流、互动、质疑、补充，其实也是一个过程性评价的体现，推动着学习的深入。可以说，整节课都有适当的过程性评价，有助于学生及时进行自主反馈和学习。

2. 总结性评价

在观察交流结束之后，引导学生将本节课观察所得与观察前的猜测进行一个对比，并引导学生思考"你们知道为什么今天会有这么多的发现吗？"这个问题将能很好地引导学生对今天的观察过程进行回顾和梳理，使其意识到观察方法和观察态度的重要性。

在本节课的最后，请学生思考"动植物为什么都喜欢生活在土壤里"这个问题，并提醒学生根据自己的观察所得进行合理的推测。只有在观察中有目的地进行了观察，只有在观察中细致全面地进行了观察，学生在回答这个问题的时候才能做到有理可依，也只有进行了深入思考，学生才能延伸性地回答这个问题，所以，这个总结性评价是有效的。

九、【案例评析】

本节课的教学设计主要凸显出了以下特点。

1. 教学内容来源于教材，却不拘泥于教材

教材中原本要求的是进行室外观察，考虑到上研究课时的一些实际情况，就将本节课改为了室内课，但是为了尽可能地还原校园里真实的环境，案例中将校园花坛里的土壤挪到了花盆里，带到教室供学生观察。基于对二年级学生的调查和了解，他们对土壤，以及依靠土壤生长的动物和植物或多或少有一定的认知，对观察方法也已经有了一些模糊的认识，如果本节课纯粹是一节"观察土壤课"，内容上未免显得有些单调。为了更好地调动学生的内驱力，将观察和研讨引向更深入的层次，

让学生的思维和能力得到一定的调动和激发，本案例以教材和教学参考书为教学依据，但是又不完全拘泥于教材，在教学目标及教学重点、难点上都做了一些适当的调整，将"观察土壤"和"讨论土壤是动植物乐园的原因"作为了本节课的主要内容。

2. 小组合作交流，自主探究，学生的主体地位突出

教师要能基于学生的认知水平，根据学生已有的知识和经验，引发学生的认知冲突，启发学生的积极思维。本节课主要采用小组合作的方式：小组观察、小组汇报、小组交流、小组补充。在小组学习的过程中，学生完成了自学与互学。小组在汇报、交流观察所得的时候，需要教师适时引导，帮助学生逐渐梳理归纳出所使用的观察方法，引导学生进行总结与反思，学生在自我梳理的这个过程当中逐步调节自身的学习，也渐渐地学会了更多的观察方法。这些都是在学生的已有认知基础之上通过相互交流学习而获得的，并不是教师单一传授所得的，学生的主体地位非常突出。

3. 教学细节处处体现出对学生科学素养的培养与渗透

在学生的交流过程当中，教师的介入及适时的评价，都能体现出教师对学生科学素养的培养。在学生发言时，教师引导其他学生学会倾听；在学生有疑问补充时，教师引导学生学会尊重他人、合理质疑；在学生描述自己观察到的物体时，教师引导学生实事求是、准确地描述；当学生汇报无序时，教师的介入让学生明白观察要有序；当学生的观察很全面、很细致时，教师的肯定能让学生明白观察态度的重要性……一点一滴，一言一行，看似微小，但终将形成无形的力量，培养学生养成良好的科学素养。

4. 科学课与德育课的完美结合

这不仅是一节科学课，还是一节德育课。在充分地观察基础之上引导学生深入思考动物、植物与土壤之间的相互联系，思考土壤为什么被称为"动植物的乐园"，使看似孤立存在的物体之间产生微妙而又不可分割的联系，意识到它们之间的关系是相互帮助、相互影响的，进而在学生的心中逐渐树立保护土壤、保护土壤中的动植物的意识。这不仅有助于学生用联系的眼光来观察土壤，也是对学生进行情感教育的良好时机。在培养学生科学素养的同时，很好地进行了德育渗透，提高了学生的环境保护意识。

案例 4：测试反应快慢

成都市龙泉驿区四川师大附属上东小学　高涵

主题	测试反应快慢		
教材版本	教育科学出版社	年级	二年级下册
单元	第二单元　我们自己	课时	第四课时

一、【课标内容】

10. 人体由多个系统组成，各系统分工配合，共同维持生命活动。

10.1　人体有感知各种环境刺激的器官。

一至二年级　识别眼、耳、鼻、舌、皮肤等器官。

二、【教学目标】

（1）科学知识：知道人体对外界刺激具有反应能力，不同的人反应快慢不同；反复训练可以提高反应速度；反应会受到外界的干扰。

（2）科学探究：参加抓反应棒的活动，能在活动中总结提高反应能力的方法；能在简单的数据对比中分析影响反应快慢的因素。

（3）科学态度：能真实记录数据；能和同学有效合作。

（4）科学、技术、社会与环境：体会数据处理作为一种技术手段，可以为研究问题提供方便。

三、【学情分析】

学生通过前面的学习已经知道眼、耳、鼻、舌、皮肤是我们的感觉器官，能够调动多种感官进行观察，并能够对观察到的信息做出判断和反应。二年级的学生能够记录数据，但对于如实记录数据、根据数据寻找规律是有困难的，对于图表的理解能力也有限，所以本节课采用创新的实验记录单，方便、直观并降低了难度。因此，本节课对于学生科学素养的培养是十分深远的，这体现在对实验器材的改进、对简单规则的建立、对数据的收集与规律的寻找，这些都为之后的科学学习中实验的操作及数据的收集、整理与分析打下了坚实基础。

四、【教学重点与难点】

（1）教学重点：参加测试反应速度的活动，完善对人体反应快慢的科学认识。

（2）教学难点：指导学生能控制条件、公平比较、如实记录数据，并分析寻找规律。

五、【设计理念】

（一）教学内容

"测试反应快慢"是教科版二年级下册第二单元"我们自己"的第四课。本节课由两个小游戏组成：聚焦环节的"翻拍手"游戏、探索环节的"抓尺子"游戏。学生在充分进行游戏体验的基础上初步认识到：人体的感觉器官接收到信息后，身体会做出相应的反应，并且不同人的反应快慢是不同的。研讨环节的讨论再次聚焦到对人体感觉器官的认识上："抓尺子"用到的感觉器官和各个感觉器官之间的配合是怎样的？这种感觉器官之间的配合可以通过反复训练强化，进而提高反应的速度。

本节课的教学内容进行了以下三个方面的调整，结合实际情况进行了创新。

（1）改良教具与实验记录单。

①教具：将"反应尺"改良为"反应棒"，并标记刻度。

②实验记录单：简化记录，即学生只需要圈出数字就可表示得分，增设没抓到反应棒时的"0分"，使记录更加准确、方便。

（2）教学环节的调整、增设。

①将"举旗做动作"作为热身小游戏。

②增设探究活动：抓没有刻度的反应棒活动；进行有口令的、抓没有刻度的反应棒活动；进行有口令的、抓有刻度的反应棒活动。

（3）拓展。

增设安全教育环节，将知识与生活相联系。例如：一心不可二用，开车的时候不打电话等。

（二）教学方法

科学新课标中指出，"小学科学课程的学习方式是多种多样的，探究式学习是学生学习科学的重要方式""小学科学课程倡导以探究式学习为主的多样化学习方式，促进学生主动探究"。本节课由几个小游戏组成，实际上由几个环环相扣的探究活动组成。因此，本节课的学习以学生的自主探究为主，以小组合作法、讨论法、演示法等教学方法为辅。

在经过教学创新之后，本节课通过1个热身游戏的活动、3个探究活动、1个拓展活动展开，站在学生的角度改进器材、重新实验，帮助学生建立规则的意识，培养其公平实验、实事求是的科学素养。在进行自主探究的过程中，应注意以下几点。

（1）创设问题情境，激发学生的探究意识。在了解学生的认知特点和心理特征之后，从生活实际着手，创设出生动有趣的问题情境，使学生乐于探究，且迫切希望去探究，这是取得良好探究效果的第一步。例如：本节课的抓反应棒小游戏。

（2）鼓励学生自由猜想，大胆假设。在探究之前，对实验结果进行大胆的预测。注意预测不是毫无根据的猜想，而是根据自己的生活经验与科学知识，经过认真思考而得出的推测。科学的预测有助于学生养成良好的思维习惯，也能够使教师通过学生的预测了解学生的前科学概念。例如：本节课中学生对2个同学反应快慢的预测、小挑战中对干扰下反应快慢的预测。

（3）指导学生认真实验，准确操作，如实记录。对二年级的学生倡导以2人为一个小组进行实验探究，小组成员之间互相启发，亲自实践并观察实验现象，收集并如实记录数据。例如：本节课中没抓到反应棒时记录"0分"。

（4）引导学生对收集的数据进行整理分析、归纳总结，从而得出科学的结论，培养学生对数据的处理与归纳能力。例如：本节课中学生对于典型的和不典型的实验记录单的分析。

注意在探究过程中发挥学生的主体地位，利用丰富的探究内容和有效的教具引导学生积极思考，让学生在不知不觉中学习到科学的实验方法，提升自主探究的能力。

在学生探究过程中，小组讨论及班级探讨结论体现了讨论法；2人小组合作探究体现了小组合作法；教师适度演示教具以便于低年级学生理解和掌握所学内容，课后能进行准确操作，这体现了演示法。

六、【教学准备】

（1）教具：PPT；写有不同指令（起立、摸耳朵、举手、拍手）的小旗子4面；眼睛、手、耳朵、嘴巴图片；均匀分段的木棒；不均匀分段的木棒；标有倒序数字的木棒；标有正序数字的木棒；用于读数的木棒演示板书卡纸；手在木棒不同位置的板书卡纸；能够移动的手卡纸；标题板书卡纸；关键词板书卡纸；磁铁。

（2）学具：木棒每组4根，不分段、不带数字的木棒2根，均匀分段有数字的木棒2根；实验记录单每人1张；红色记号笔每人1支；水槽每组1个（盛放器材）。

七、【教学过程设计】

总体思路：本节课分为4个教学环节，即聚焦环节、探索环节、研讨环节、拓展环节，每个教学环节中的每个教学活动都有相应的分目标，每个分目标都指向课程总目标。根据公平、准确地测试反应快慢的内在需求，学生的探索活动层层递进、环环相扣。学生经过小组合作，亲历实验过程，分析实验数据，得出正确的关于感觉器官与反应快慢的结论，并在现实生活中进行迁移与发散。教师通过情感教育，使学生意识到专注的重要性。学生在小组讨论共同解决问题和动手收发、使用、整理器材的过程中，不知不觉地提升了自己的科学素养。

（一）教学环节

1. 聚焦环节

通过"举旗做动作"的小游戏激发学生的学习兴趣，同时呼应本节课的关键词——"反应"，渗透"眼、手配合"的思想，使学生初步意识到每个人的反应有快有慢；激发学生对测试反应快慢的探究欲望，从而聚焦本节课的主题——"测试反应快慢"。

2. 探索环节

探索环节由 3 个活动组成。

（1）活动 1。引入反应棒，学生使用反应棒进行抓反应棒的游戏，在游戏中学生发现每个人抓到的次数不同，得出每个人反应快慢不同，从而印证聚焦环节的"每个人的反应有快有慢"。教师列举参与反应的感觉器官，引导学生思考使反应变快的方法——"说口令"。

（2）活动 2。首先，教师给学生一些口令，使学生进行抓反应棒的测试，通过测试发现更多的感觉器官加入反应过程的确可以加快反应的速度。然后，教师让学生思考：怎样准确比较 2 个人的反应快慢。最后，全班讨论解决问题的办法，教师引导学生共同完成改进反应棒，逐步提高学生严谨、清晰的科学思维能力，树立学生建立规则的意识，培养学生公平实验、实事求是的科学素养。

（3）活动 3。进行有口令的、抓有刻度的反应棒的活动。学生用没有刻度的木棒去交换有刻度的木棒，在此过程中器材的分发、领取与整理要做到井然有序，从而帮助学生养成良好的科学实验习惯；规定学生在有限的时间内进行活动，以培养学生的时间意识；学生深切体会到多种感官的配合，从而意识到反复训练是可以提高反应速度的。

3. 研讨环节

通过展示实验记录单并分析实验数据，认识到每个人的反应有快有慢；通过运动员反复进行起跑训练能使速度得到提升这一现象，认识到反应速度可以通过反复训练感觉器官之间的配合度来提升；通过在"小挑战环节"中对抓反应棒的同学进行干扰，认识到"一心一意"的重要性，借此对学生进行情感教育。

4. 拓展环节

教师播放开车打电话的视频，让学生去判断对错，并引导学生运用当堂知识进行解释，并在课后组织语言说服家长注意行车安全，借此渗透安全教育。

（二）教学过程

本节课的教学过程如表 2-4-1 所示。

表 2-4-1

教学环节	教师活动	学生活动	设计意图
环节一： 游戏激趣 聚焦主题 （2分钟）	1. 科学课要开始啦！同学们准备好了吗？ 2. 同学们都喜欢小游戏吧，我们先来做一个反应小游戏！ 反应小游戏：举旗做动作。 这里有4个小旗子，分别写着不同的口令（起立、摸耳朵、举手、拍手），当我举起其中一面旗子的时候，你们就做出相应的动作。 举起摸耳朵的旗子。 游戏要正式开始啦！ 分别展示完4个口令之后，加快动作。 现在我要加快我的动作啦！来喽来喽来喽！ 3. 提问：为什么一开始动作很整齐，后来就乱了呢？ 预设：我的口令是加快了，那为什么同学们的动作就乱了呢？ 总结：所以反应有快有慢。 既然每个小朋友的反应快慢不同，那有没有办法测试一下呢？这节课我们就来研究一下。 贴出标题板书：测试反应快慢。	1. 准备好啦！ 2. 学生倾听游戏要求。 看到摸耳朵的旗子，做出摸耳朵的动作。 学生根据教师指示做出相应动作。 3. 学生回答：因为老师的口令加快了。 预设：因为每个小朋友的反应快慢不同。	1. 学生调整状态，做好上课准备。 2. 进行学生喜爱的小游戏，激发学习兴趣。 通过举例示范，使学生明确游戏要求。 缓解学生紧张的情绪，活跃课堂气氛，为本节课的"反应"做铺垫。 3. 切入主题；了解到每个人反应速度不同。 引出本节课主题：测试反应快慢。
环节二： 明确任务 探索新知 （4分钟）	探究 活动1："抓木棒"游戏。 1. 出示反应棒，并示范抓反应棒。 怎么测试呢？要用它！ 出示木棒。 它不是普通的木棒，而是反应棒！ 贴板书：反应棒。 贴上反应棒卡纸。 介绍反应棒的操作方法。 谈话：看，他们两个在做什么？谁能来描述一下？ 哦，是男孩放反应棒，女孩接反应棒。 这个游戏难不难？ 会不会？	1. 学生认识反应棒并观看动图。 男孩松开反应棒，女孩接住了反应棒。 不难。 会。	1. 将学生的注意力聚焦到器材上，引导学生模仿操作动作，掌握操作方法。

教学环节	教师活动	学生活动	设计意图
环节二：明确任务探索新知（4分钟）	那你们发现男孩子松开反应棒前是拿住反应棒的哪个位置的？ 反应棒倾斜了吗？ 那女孩子呢？在接住反应棒之前，她做了什么准备？ 我们可以在接反应棒之前把手半张开，并且与反应棒的距离像图片一样。 那待会我们也像这样进行游戏。 2．说明要求。 听清要求，你可以做得更好。 2人一组，每人抓3次，记住抓到的次数。明白了吗？ 点出时间倒计时。 游戏时间为1分钟。 3．分发器材。 温馨提示：本次游戏不在桌上操作，但注意反应棒不要砸到脚。 领到器材的小组就可以开始游戏了。 教师进行巡视。 4．活动时间结束。 5．分享游戏结果。 提问：在游戏中哪些感觉器官帮了你的忙呢？ 贴板书图片：眼睛，手。 预设：强调大脑确实是参与了，但是大脑不是感觉器官。 抽学生回答抓到反应棒次数。 向全班提问：都抓到反应棒了吗？有没有没抓到的？抓到2次的举手，抓到3次的举手。哇，有这么多啊！ 这个游戏当中，抓到次数多的反应快，还是反应慢呢？ 总结：看来反应真的是有快有慢的。 追问：有什么方法能帮助只抓到1次的小朋友也能抓到2次甚至3次呢？	反应棒的上端。 没有倾斜。 手半张开。 2．学生倾听实验方法和要求。 3．各组组长到讲台前排队，有序地领取器材。 学生以2人为一个小组进行实验。 4．学生整理实验物品。小组长将器材收好。 5．学生分享。 学生：眼睛，手。 预设：学生提到大脑也参与了反应。 学生举手或者集体回答，分享次数。 抓到次数多反应快，次数少反应慢。 预设1：学生没说到使用口令。	 2．学生明确操作要求，开展实验。 3．把探究的空间留给学生，让学生以合作的方式自主进行实验。 4．整理课堂。 5．聚焦感官。 印证每个人的反应有快有慢。 引导学生增加感觉器官——耳朵参与游戏。

教学环节	教师活动	学生活动	设计意图
环节二： 明确任务 探索新知 （4分钟）	我观察到抓反应棒的同学还没准备好，小伙伴就松开了反应棒，结果一次都没抓到，有没有办法解决呢？我们有没有什么办法提示他，让他有所准备呢？ 说口令这个办法好，我们全班统一都使用"123，放！"的口令，听到口令后再松开，记住了吗？ 这个方法很好，你考虑得很周到，那么两个小朋友，谁说口令呢？	学生：说口令进行提示。 学生：记住了。 预设2：学生能说出用口令。 学生：放反应棒的同学说"123，放！"，抓反应棒的同学再松开反应棒。	
环节三： 增加口令 再次游戏 （6分钟）	活动2 1．二次游戏：使用口令，再一次进行游戏，观察同学是不是更容易抓到反应棒。 一个小组2人，每人抓3次，记住自己抓到的次数。 游戏时间为1分钟，拿出你的反应棒开始游戏吧！ 倒计时1分钟。 2．活动时间结束。 3．分享游戏结果。 提问：有了口令之后怎么样？更容易抓到反应棒了吗？ 抓到3次的举手。 啊，这么多啊。看来有了口令之后，反应速度确实加快了。 在刚刚的游戏中，还是只有眼睛和手这两个感觉器官参与吗？ 贴板书"耳朵"的图片，若提到嘴巴，也要贴板书"嘴巴"。（尊重事实） 耳朵也参加了，一起完成了这个反应过程。 板书画大括号，贴上"反应"。 总结：看来运用更多的感觉器官，反应速度会——	1．学生明确实验要求，进行游戏。 2．学生整理实验物品，小组长将器材收好。 3．学生分享。 学生：更容易了。 学生如实举手。 学生：还有耳朵。 学生：提高。（学生补充说出）	1．进行有"开始口令"的游戏。 2．整理课堂。 3．指向多种感觉器官协调工作的意义。增加了感觉器官参与反应，可以使反应加快。

教学环节	教师活动	学生活动	设计意图
环节四：改进器材公平游戏（9分钟）	追问：刚才这么多小朋友都抓到了3次，那他们的反应快慢就一模一样吗？ 能说一说你的理由吗？ 预设1：同学们都抓住了反应棒，但是抓住的位置不同，表示反应快慢也不同，是吗？ 教师利用副板书演示：反应棒卡纸2张、能够移动的手卡纸2张、可以固定在反应棒卡纸的不同位置的磁铁。一只手放在反应棒的中下端，将其编号为①号；另一只手放在反应棒的上端，将其编号为②号。 将手抓反应棒的动态全程慢速演示。 提问：①号和②号谁的反应快？谁的反应慢呢？ 为什么①号快？谁能来说一说？ 全班都同意他的观点吗？ 强调：看来抓到下端反应比较快。 预设2：请2位都抓到3次的小朋友跟老师一起玩抓木棒的游戏（一个男孩、一个女孩），看看他们反应快慢是不是一模一样？你们把手举起来让大家看一看。 他们抓到的位置一样吗？ 演示慢动作。 教师利用副板书演示：反应棒卡纸2张、能够移动的手卡纸2张、可以固定在反应棒卡纸的不同位置的磁铁。一只手放在反应棒的中下端，将其编号为①号；另一只手放在反应棒的上端，将其编号为②号。 将手抓反应棒的动态全程慢速演示。	学生：不一样。 预设1：抓到反应棒的位置不同。 学生：是。 学生：①号反应快。 手在反应棒下端反应快。因为反应棒刚刚掉落，就被抓住了。 同意他的观点。 预设2：学生没说出。 2位同学进行演示操作。 学生：不一样。	充分运用教具，进行演示。指向"抓到的位置不同，反应快慢不同"这一主题。 通过学生演示和教师演示，让学生对抓到的位置不同，反应快慢不同有深刻的认识。 注意回答问题时的语言习惯：我认为……，理由是……。从细节处培养学生的表达用语，清晰简洁、有理有据。

教学环节	教师活动	学生活动	设计意图
环节四： 改进器材 公平游戏 （9分钟）	提问：①号和②号谁的反应快？谁的反应慢呢？ 为什么①号快？谁能来说一说？ 全班都同意他的观点吗？ 强调：拿到反应棒的下端反应比较快。贴板书"快"。（在副板书上，①号旁边） 　　1. 改进反应棒。 那我们怎么知道①号比②号快多少呢？有没有办法解决？ 请同学们小组合作，相互交流、讨论，寻找办法。 时间是2分钟，现在开始倒计时。 教师巡视，及时提示、指导。 谁想到好的方法了？ 如果做印记来比较，每个小朋友画3次，2个小朋友就是6次，那么就会看不清在木棒上做的印记。 能不能用其他的方法解决呢？ 全班都同意吗？同意的话我们全班都这样做。 PPT出示几种反应棒。 这个格子行吗？ 不均匀为什么就不可以呢？ 替换成均匀格子的反应棒。 那这样行不行？ 追问：画好格子就可以了吗？每次都要数格子，很麻烦。能再简单一点吗？怎样知道①号比②号快多少呢？ 标数字这个方法很好，数字可以帮助我们看到他们之间的差距。那我们全班都统一用"1、2、3、4、5"这样的反应棒，（学生提出"5、4、3、2、1"，这样也是可以的。为了方便交流，根据平时的习惯，成绩越好，分数越高，所以统一用"1、2、3、4、5"的这种反应棒）	学生：①号反应快。 手在反应棒下端反应快。因为反应棒刚刚掉落，就被抓住了。 同意他的观点。 　　1. 全班讨论交流改进反应棒。 学生：标数字。 学生：做印记。 学生：画格子。 学生：同意！ 学生：不行，不均匀。 学生：格子大小不一样就不公平，不能拿来比较，格子应该一样大。 学生：行。 学生：在格子上标数字。	 　　1. 培养学生改进器材的意识。 　　在全班的讨论下，逐步改进、完善反应棒，进行充分的生生对话与师生对话。

教学环节	教师活动	学生活动	设计意图
环节四：改进器材公平游戏（9分钟）	同学们如果抓到了5，它代表了反应速度是怎么样的？ 那如果我们用改进后的反应棒再做一次游戏，你会填写这张实验记录单吗？ 请把你的名字和今天的日期写上去。 怎样准确地进行记录呢？ 贴板书"准确"。 使用副板书"能够移动的手"放在有刻度的反应棒轨道上进行滑动，演示抓到的位置与得分。（既是板书也是教具） 第一次，我没抓到反应棒，我的成绩是几分？ PPT点动画红圈，示范记录方法。 我们要如实填写。 我第二次握在了这里，是几分呢？能说说理由吗？ 手占哪个格子多一点，就是几分。 第三次刚好握在了2和3之间怎么办？ 那我们就尽量让小朋友们的分数高一些，统一记较大的数字作为最后的成绩。 这次活动要做几次抓反应棒游戏？从实验记录单中能找到吗？ 因为我们要做10次实验，所以我们的时间是6分钟。 2．活动3 再次游戏：运用"开始口令"和改进后的反应棒进行游戏。 请各组组长用之前的反应棒，排队来老师这里交换改进后的反应棒和实验记录单，拿到之后就可以开始游戏了！ 倒计时6分钟。	学生：代表反应速度快。 学生：0分。 学生：是3分，手在3上要多一点。 学生有说2分的，有说3分的。 学生：10次。 2．各组组长领取器材之后，分发反应棒和实验记录单，进行实验并及时记录。	认识实验记录单，明确记录要求，规范实验操作，渗透实事求是的科学态度。 规范实验记录单填写：姓名与日期是必填项目。养成良好的科学习惯。 确定读数规则，全班统一。让学生意识到：全班统一规则是公平实验的前提。 引导学生从实验记录单中获取信息，培养认真、仔细的科学习惯。 2．进行有口令、优化器材后的抓反应棒游戏。

教学环节	教师活动	学生活动	设计意图
环节五：激发思维研讨结果（10分钟）	1. 活动时间到。 2. 分享实验记录单。 我要请几位同学分享一下你们的实验记录单。 抽取 1 个不典型的、2 个典型的。 抽取的第 1 个学生：不典型的。 观察他的实验记录单，你发现了什么？说说你的理由。	1. 学生整理实验物品。小组长将器材收好。 2. 学生进行分析。 预设 1：我发现他的反应很快/慢。他的分数都比较高/低，说明他的反应速度快/慢。 预设 2：我发现他的反应速度比较慢，因为几次都没抓到反应棒，0分的次数比较多。 学生说出发现及理由。	1. 整理课堂。 2. 学生通过分析，得出科学的关于"反应"的结论。引导低年级学生对于数据的走向有简单的认识，数字的大小变化趋势，能说明一些问题，为数学的统计图，如折线图、柱状图学习做铺垫。
	抽取的第 2 个学生：典型的。（得分一直很高） 你抓到了这么多次都是 5 分，请问你是怎么做到的呢？ 预设 1：看来感觉器官相互配合，我们的反应就很快。 预设 2：请问你是怎样抓住反应棒的？你能描述一下吗？ 他的眼睛、手和耳朵是各做各的事情，还是一起完成这个游戏的？ 看来眼睛、手、耳朵相互配合好，一起来合作，才能抓得快。 贴板书"配合"。 抽取的第 3 个学生：典型的。（得分由低到高） 这么多同学都想分享，老师在观察同学们做游戏的时候发现了一张很有意思的实验记录单，给大家来分享一下。	预设 1：学生说出感觉器官相互配合。 预设 2：学生没有说出感觉器官相互配合。该学生分享抓反应棒经过，描述感官配合。 学生：一起完成的。	利用典型的、不典型的实验记录单，引导学生学会观察、分析数据，从"一般"中寻找"特别"，对实验数据进行分类、归纳，寻找规律，推出结论。

教学环节	教师活动	学生活动	设计意图
环节五： 激发思维 研讨结果 （10分钟）	观察这张实验记录单，你发现了什么？他的成绩前几次怎么样？后几次怎么样？从哪次开始有变化的呢？这说明了什么呢？ 追问：看来前面2次的反复训练可以使我们的反应速度加快，这说明了什么？ 贴板书"训练""速度提升"。 总结：由此可见，反应速度提升需要（感官配合）和（反复训练）。 指着板书让学生自己说。 科学教育： 今天反应稍慢的同学不要气馁，只要你的感觉器官相互的配合得到了反复训练，你的速度肯定能提升的。 就像运动员一样，只要日复一日地进行百次、千次的训练，感觉器官会配合更加默契，反应速度就更快，"像风一样"冲出起跑线，代表中国参加国际比赛，看着五星红旗冉冉升起，这是非常自豪的时刻。	预设：前几次分数低，后几次分数高，从第3次开始有变化，他的反应越来越快了。 学生：说明反复训练使他的反应变快了。 学生：感官配合和反复训练。 学生观看运动员起跑训练动图。	 情感教育：消除自卑情绪，对于自己身体的认识建立自信心。 人文教育：勤能补拙。 爱国教育：少年强则中国强。
环节六： 归纳总结 扩展提升 （5分钟）	1. 机动环节。 小挑战：请反应最快的同学来接受一下挑战！谁10次都抓到了5分？8次，9次的呢？我选择这节课积极回答问题的同学来！ 挑战的内容是一边抓反应棒一边回答问题。 问题组进行提问。 最喜欢的动物是什么？ 25+36等于多少？ 最喜欢的学科是什么？ 他的反应速度怎么变慢了？谁能来解释一下？ 看来我们感觉器官各做各的，做事不专注，反应速度就会减慢。 贴板书"专心"。	1. 学生到讲台前进行挑战。 大概率学生反应速度变慢，抓到反应棒上端或者没有抓到反应棒。 全班学生关注得分并分析原因：因为他的注意力不集中/他不够专注/他同时做了两件事。	1. 用反应很快的学生代表参与小游戏来让学生们真切体会到，一心二用、不专注做事，会降低我们的反应速度。

教学环节	教师活动	学生活动	设计意图
环节六：归纳总结扩展提升（5分钟）	2. 扩展 接下来看看这个视频，（播放视频）看完视频之后你有什么感想？ 在生活中爸爸妈妈有没有这样的现象？你能不能用今天的知识去说服他们不要这样做？ 预设1：一心二用，各干各的坏处是什么呢？ 预设①：看来同学们这节课的知识学得很好，相信你们可以说服爸爸妈妈专心驾驶。 预设②：指着板书标题提示学生，结合感觉器官与反应来解释。 预设2：看来同学们的爸爸妈妈都很注重行车安全，那你能不能说服他们坚持这个好习惯呢？ 结束语：看来我们学习了测试反应快慢，不仅能够测试出自己的反应快慢，还能够提醒爸爸妈妈注意行车安全，同学们真能干！ 下课！	2. 全班观看视频，并回答：一边开车一边打电话，感觉器官各干各的，反应速度会变慢，容易发生安全事故。 预设1：有这样的现象。 预设①：运用这节课的知识说服他们，感觉器官同时做两件事，反应会变慢。 预设②：学生没说出反应会变慢，只说出了一心不可二用。 学生：感觉器官各做各的，反应会变慢。（回归到"反应"上） 预设2：爸爸妈妈没有这样的现象。 学生：感觉器官同时做两件事，反应会变慢。就像课堂上如果一边抓反应棒一边回答问题，那么两件事都做不好。开车的时候做其他的事是十分危险的。 老师辛苦了，请休息。	2. 将课堂知识联系生活实际。培养学生的高阶思维和迁移能力。通过开车玩手机会干扰司机从而使其反应变慢，让学生深刻、直观地体会到"一心不可二用"。 再次渗透专注做事的意义。通过让学生向父母传递安全行驶的理念，复述本节课探究到的知识，从而达到检验并巩固学习的效果。 总结课堂。 结束课堂。

八、【评价设计】

教学评价根据功能和用途划分，可以分为诊断性评价、形成性评价和总结性评价。在本节课教学中，运用了这三种评价方式。

1. 诊断性评价

诊断性评价一般在课前进行，主要目的是了解学生的知识基础和准备状况。在探究活动进行之前的热身小游戏中，通过一个简短的"举旗做动作"的活动，来判断学生是否能够意识到"每个人反应快慢是不同的"这一知识点。根据学生一开始动作整齐，后来加快速度之后动作变得非常不整齐这一现象，得出"每个人的反应快慢不同"的结论。教师对学生关于"反应"的前科学概念做一个预判，从而完成对学情的补充了解。

2. 形成性评价

形成性评价一般在课中进行，是一种为了了解学生的学习情况，及时发现教和学中存在的问题而进行的评价。在本节课中，对于学生的形成性评价是非常多元化的，由于是小学二年级的教学内容，因此更加注重培养学生良好的科学素养。对学生交流语言的引导：如在生生对话中，表达自己的观点时应用"我认为……，我的理由是……"这类语言，规范学生的科学语言表达。对学生学习习惯的评价：如学生是否能够按时完成抓反应棒的实验，做完实验之后能否及时收好实验器材。对学生学习态度的培养：学生在记录抓反应棒的次数的时候，要如实地进行填写。对学生科学思维的培养：通过抛问与追问，环环相扣，从需求出发，向解决方案逐步迈进。对学生进行启发与评价：如在活动中提问"怎样比较出谁的反应更快呢？""如何改进反应棒？""怎么对反应棒进行标记？""怎样让标记更公平呢？""全班同学觉得他的办法可不可行呀？"等。对学生科学知识的评价：科学知识渗透在班级的各个活动中，教师需要带领全班一步一步进行探究并及时小结，使全班进度一致；还需要根据学生的发言进行归纳，通过提问全体学生"你们同意这个观点吗？"教师能够及时掌握全班对于本节课科学知识的学习程度，及时进行评价与引导。多元的评价方式对于低年级的学生有很好的激励作用，有利于培养他们养成良好的学习习惯。

3. 总结性评价

总结性评价一般在课尾进行，是对于课堂教学的达成效果进行评价。在本节课中，通过小挑战游戏——让一个同学一边回答问题一边抓反应棒，来观察学生能否利用本节课所学的知识进行解释，并举一反三；设置一边开车一边打电话的情境，让学生结合所学内容判断该行为的正确与否；课后让学生利用课上所学知识，说服、提醒父母注意行车安全。通过这样的方式，学生对于书本知识记忆更加深刻，同时教师也对学生的知识掌握程度进行了总结性评价，一举两得。

九、【案例评析】

本节课的教学设计优点如下。

1. 适当调整、增设教学环节

在教学环节设计中，将"举旗做动作"作为热身小游戏，发现每个人的反应有快有慢。在探究环节设计中，增设以下活动。（1）抓没有刻度的反应棒游戏，以此印证每个人的反应确实有快有慢，从而使课堂内容聚焦感觉器官，让学生思考如何增加抓住反应棒的次数。（2）进行有口令的、抓没有刻度的反应棒游戏，让学生明白多种感觉器官配合可以提升反应速度。（3）进行有口令的、抓有刻度的反应棒游戏，让学生得出多个感觉器官配合，反复训练可以加快反应速度的结论。

三个活动环环相扣，引导学生理解感觉器官可以相互配合，培养学生改进器材的意识，与此同时教师建立读数的规则。适当地调整教学环节，每个教学环节设置各自的分目标，各个分目标均指向课程总目标。整堂课结构清晰，教学思维流程图的设计使教学设计一目了然。

2. 教具

根据科学新课标的要求，一、二年级的学生需要具备"在教师的指导下，具有对探究过程、方法和结果进行反思、评价与改进"的意识。本节课在教具方面将反应尺改良为反应棒，并标记刻度。

3. 实验记录单

简化记录：学生只需要圈出数字就可表示得分，增设没抓到反应棒时的"0分"，使记录更加准确、方便。圈出的数字走向能够清晰地体现出反应快慢的规律，这样更方便学生进行横向、纵向的比较，得出结论。引导低年级学生对于数据的走向有简单的认识，知道数字大小的变化趋势能说明一些问题，为数学的统计图，如折线图、柱状图的学习做铺垫,这也能体现学科交叉的意义。

4. 拓展

增设安全教育环节,将知识与生活相联系,渗透"科学来源于生活,也应用于生活"的观念,培养学生的高阶思维和知识迁移的能力。

5. 学生内在素养的培养与提升

站在学生的角度引导学生产生改进器材和重新实验的内在需求,使学生建立规则的意识,培养学生公平实验、实事求是的科学素养。

6. 别出心裁的板书设计

板书不仅是板书,也是教具。本节课中主板书与副板书清晰、布局合理、一目了然。其中,主板书中采用学生易于接受的图文并茂的形式,便于学生进行知识的总结与归纳;教师将关键词(要求、问题)罗列在黑板上,对于学生有良好的提示作用;其次箭头、大括号等符号的运用,形象地揭示出了各个知识点之间的关系,使结论的得出流畅自然。

7. 在探究环节中设置了活动时间的倒计时

将几分钟的倒计时呈现在大屏幕上,帮助学生从小建立起时间概念。这无论是调控课堂,还是提高学生的实验效率,都有非常大的积极作用。

十、【板书设计】

副板书设计如图 2-4-1、图 2-4-2 所示。

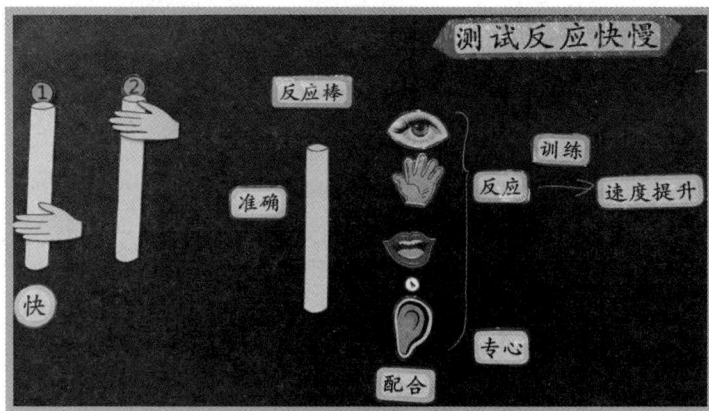

图 2-4-1

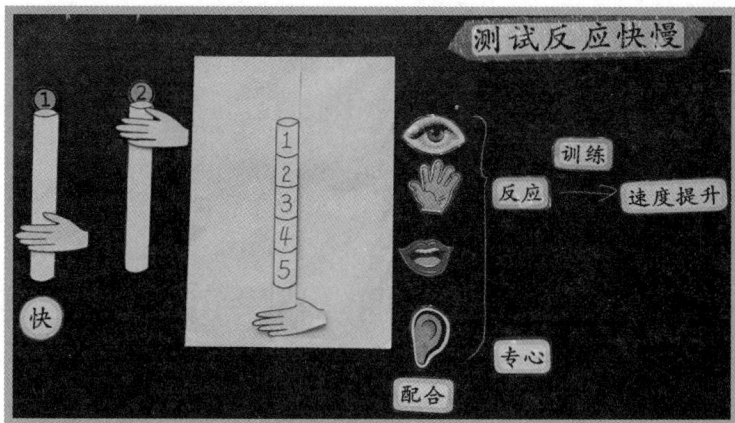

图 2-4-2

设计意图：板书根据教学设计的重点、难点，分为主板书和副板书。

第三章　地球与宇宙科学

案例1：多样的天气

北京市通州区永顺镇中心小学　江卫园

主题	多样的天气		
教材版本	湖南科技出版社	年级	一年级上册
单元	第二单元　认识天气	课时	第一课时

一、【课标内容】

14. 地球上有大气、水、生物、土壤和岩石，地球内部有地壳、地幔和地核。

14.1　地球被一层大气圈包围着。

一至二年级　知道有阴、晴、雨、雪、风等天气现象，能够描述天气变化对动植物和人类生活的影响。

二、【教学目标】

（1）科学知识：知道阴、晴、雨、雪、风等天气现象，以及它们的主要特征和相应的天气符号。

（2）科学探究：初次经历较长时间的、有目的的、有计划的观察，并记录天气现象的过程。

（3）科学态度：培养学生的坚持性，激发学生关注天气的兴趣。

（4）科学、技术、社会与环境：了解人们在监测、获取天气信息方面的方法和途径。

三、【学情分析】

天气是儿童熟悉的自然现象，同样，一年级学生也对天气现象充满着好奇。通过课前调查发现，学生知道常见的天气现象，如晴天、雨天、雪天等。在教师的引导下，通过回忆能简单说出一些天气对人类生活的影响，如下雨天出门需要带雨具，下雪天路滑容易摔倒等。因此，本节课采用观察、比较、记录、抽象的方法，引导学生认识常见天气的主要特征，并抽象出简单的符号来表示不同的天气。

四、【教学重点与难点】

（1）重点：指导学生通过观察、比较认识不同的天气现象，描述出不同天气现象的主要特征，认识对应的天气符号。

（2）难点：通过观察、比较天气现象的特征，能将天气现象与对应的天气符号建立联系。

五、【设计理念】

本文以"多样的天气"一课为例，说明建构概念的方法。"多样的天气"一课是一年级的内容，因此在设计的过程中需要考虑学生关于天气的前科学概念，并与中高年级的教学建立联系。

天气现象是自然界为我们呈现的景象，需要用感官才能观察到，不同日期即使出现相同天气有时表现也不完全相同，因此需要把不同时间、地点的同一天气进行比较，才能找出共同的特征。基于此，本节课采用观察、比较的方法。在观察时，从众多的图片信息中提取出关于某一天气的特点；在比较时，把不同图片中天气表现进行对比，提取出同一天气现象最主要的特点。最后引导学生认识常见天气的主要特征，并抽象出简单的符号来表示不同的天气。

六、【教学准备】

（1）教具：PPT；用于分类不同天气的卡纸、各种天气的图片每组一份。

（2）学具：用于分类不同天气的卡纸、各种天气的图片每组一份；学生绘制天气符号的记录单；学生记录一周天气的记录单。

七、【教学过程设计】

总体思路： 学生对于常见的天气和天气现象有比较多的生活经验，基本能说出常见天气及其特点，因此本节课的教学核心不在于帮助学生认识天气，而是引导学生通过观察、比较，从而分析每种天气的现象，找到每种天气最主要的特点，并用符号表现出来。而在这个过程中，如何引导学生从具体的现象抽象出天气符号，是本节课的难点。

（一）课前绘本故事，初步感受天气对我们有影响

故事大致内容为：秋天，树叶黄了，兔妈妈为小兔子用树枝和树叶做了一只"树叶兔子"，一夜的大风之后，这只"兔子"只剩下了树枝做的身体；冬天，寒风刮过，天气冷极了，兔妈妈用雪堆了一只"雪兔子"，在温暖的阳光下，"雪兔子"化成了一摊水；夏天，兔妈妈在河边用沙子堆了一只"沙兔子"，一场大雨过后，"沙兔子"变成了一堆散沙。

一年级的学生通过观看图片中"树叶兔子""雪兔子""沙兔子"在不同天气中的变化，初步感受到是由于天气的变化从而导致了自己的兔子玩伴的变化。科学新课标中要求一年级学生能够"描述天气变化对动植物和人类生活的影响"。通过课前调查发现，大多数学生在日常生活中只关注到了天气变化对自己的影响，很少关注到天气变化对动植物、对生活其他方面的影响。这个故事把不同天气对生活和环境的影响，生动形象地展示在了学生面前。

（二）分层设计活动，认识阴、晴、雨、雪、风天气现象

根据一年级学生特点，本节课把"知道有阴、晴、雨、雪、风等天气现象"这一重要概念具化为：知道有阴、晴、雨、雪、风等各种不同的天气现象，描述不同天气现象的主要特征并用简单的天气符号来表示。教师可通过以下活动来帮助学生实现学习目标（以雨天为例）。

观察、描述雨天主要特点，用简洁形象的图像符号记录雨天。

（1）教师出示第 1 张下雨天气的图片，请学生观察并想一想：这是什么天气？你是通过什么知道的？

学生 1：这是雨天，有人打伞在路上走，伞面上能看到雨水。

学生 2：这是雨天，有人穿雨衣，雨衣上能看到雨线。

学生 3：能看到空中的雨点。

教师随着学生的汇报进行板书（见图 3-1-1）。

图 3-1-1

（2）教师出示第 2 张下雨天气的图片，请学生观察并想一想：这是什么天气？你是通过什么知道的？

学生 1：这是雨天，车灯前面照出来有雨水。

学生 2：能看到空中的雨点。

学生 3：车轮压在地面上，溅起了水花。

教师随着学生的汇报进行板书（见图 3-1-2）。

图 3-1-2

设计意图：

第一，指导学生观察图片，让学生从众多信息中提取有关下雨的信息，并用语言表述出来，培养学生信息提取和语言表达的能力。

第二，教师在板书过程中，用简单的图画表现出伞、雨衣等具体事物，用文字记录学生关于雨的描述，目的是用简单图画表达雨伞、雨衣等，向学生渗透用符号表达具体事物的方法。用文字记录学生对雨的描述，为学生用符号表示雨做好铺垫。雨的符号应当是学生设计出来的，而不是教师直接给的，这既能培养学生把具体事物转化为符号的能力，又增强了学生学习探究的兴趣。

（3）教师同时出示图 3-1-1、图 3-1-2，请大家观察比较并结合板书想一想：如果要找出一个雨天最主要的特点，你认为是哪一个？

学生讨论分析：是下雨。

教师：请你像老师画汽车、雨伞、雨衣这样，用一个简单的，大家一看就知道是下雨的符号表示雨天，画在绘制天气符号的实验记录单上。

学生分组进行创作。创作完成之后展示学生绘制天气符号的实验记录单，并挑出大家公认的表示下雨的符号，教师板书。

教师：（展示学生表示雨的符号，有的画了 1 条雨线，有的画了 2 条或者 3 条雨线）2 条、3 条雨线都能表示下雨，你认为这些雨有什么不同？

学生：雨的大小不同，3 条雨线表示的雨下得大，1 条雨线表示的雨下得小。

设计意图：在单独分析一张图片的基础上，对比两张图的相同点，指导学生通过比较找到雨天最主要的特点——从天上落雨，培养学生的比较、分析能力。用大家公认的、简单的符号表示下雨，是一个难点，教师的板书起到了引导作用。从具体事物到文字再到简图，学生经历了两次抽象过程，第一次是教师帮助完成的，第二次是学生独立完成的。这个过程培养了学生的抽象能力，为下面的学习做准备。

（三）分析、总结、归纳晴天、雪天、阴天最主要的特点，并用符号表达出来

（1）教师出示晴天、雪天、阴天 3 张图片，请学生观察并根据天气的特点进行分类，然后找到每一种天气最主要的特点，用简单的符号表示出来。

（2）学生分组活动。

①判断每张图片的天气类型（晴天、雪天、阴天）；

②根据自己的判断，把图片进行分类；

③讨论每一种天气最主要的特点；

④用简单的符号来表示天气。

（3）小组汇报，教师板书（见图 3-1-3）。

图 3-1-3

设计意图： 学生运用学过的方法，通过提取信息、判断、分析、比较等方法，认识晴天、雪天、阴天 3 种天气现象最主要的特点，并用符号来表达，培养学生综合运用各种科学研究方法的能力。

（四）认识复合天气——刮风的天气

教师出示雨天、晴天、雪天、阴天 4 种天气都刮风的图片，请学生判断这是什么天气。

教师：仔细观察，这 4 张图有哪些共同的地方？

学生发现：4 张图相同的地方是都在刮风，风可以出现在雨天、晴天、雪天、阴天等天气中。

设计意图： 前两个活动中，认识雨天、晴天、雪天、阴天的主要特点，都是认识单一天气；而刮风的天气可以出现在雨天、晴天、雪天、阴天等天气中，是一种复合天气。

八、【评价设计】

　　教学评价中关注到了表现性评价，即通过学生的课堂表现及时对学生做出评价，这样评价的优点是能够及时发现学生在学习过程中的表现，教师根据学生表现及时对教学过程进行有针对性的调整。同时，本节课也运用了总结性评价，通过学生的作品和记录一周天气的情况对学生进行学习评价。这样的评价具有及时性与总结性相结合的特点，能够全面反映学生的学习情况，便于教师对学生做出准确的评价。

1. 表现性评价

抓取学生课堂表现进行分析。

2. 总结性评价

总结性评价如表 3-1-1 所示。

表 3-1-1

评价项目	评价标准	评价等级
科学概念	能举例说出 5 种天气现象 能举例说出 3~4 种天气现象 能举例说出 1~2 种天气现象	★★★★★ ★★★★ ★★★
科学探究	能通过自己的努力抽象出常见天气的符号 能在小组合作中抽象出天气的符号 能在教师的单独指导下抽象出天气的符号	★★★★★ ★★★★ ★★★

九、【案例评析】

1. 厘清教学目标与主要概念之间的关系，明确学习进阶

　　科学新课标中第 14 个概念是：地球上有大气、水、生物、土壤和岩石，地球内部有地壳、地幔和地核。此概念包含着一至二年级的学习目标"知道有阴、晴、雨、雪、风等天气现象"和"描述天气变化对动植物和人类生活的影响"。"多样的天气"一课对应的正是一至二年级的学习目标。

　　"多样的天气"一课对应的概念和不同年级知识点如表 3-1-2 所示。

表 3-1-2

主要概念	地球上有大气、水、生物、土壤和岩石，地球内部有地壳、地幔和地核
重要概念	地球被一层大气圈包围着
一至二年级知识点	知道有阴、晴、雨、雪、风等天气现象，能够描述天气变化对动植物和人类生活的影响
三至四年级知识点	使用气温计测量气温，描述一天中气温变化的大致规律。利用气温、风向、风力、降水量、云量等可测量的量，描述天气。知道气候和天气的概念不同
五至六年级知识点	描述雾、雨、雪、露、霜、雹等天气现象形成的原因

通过对不同年级知识点的考察可以发现，这部分内容的学习进阶为：低年级认识用感官观测到的天气现象，中年级认识用仪器观测到的天气现象，高年级认识一部分降水天气现象产生的原因，总结为"现象—测量—解释"。

2. 采用"教扶放"的方法，帮助学生建立相关概念

在引导学生学习"知道有阴、晴、雨、雪、风等天气现象，描述天气变化对动植物和人类生活的影响"这一部分内容的过程中，采用"教扶放"的方法，逐步引导学生建立相关概念。在认识雨天的主要特点时，采用"教"的方式，指导学生从大量图片信息中提取有用的信息，通过比较、分析，归纳出雨天最主要的特点——自然界中会从天空落下水滴，再用抽象的符号表示出来。认识晴天、雪天、阴天3种天气时，采用"扶"的方式，通过小组合作，运用刚刚学习的方法，比较、分析，归纳出晴天、雪天、阴天3种天气的主要特点，再用抽象的符号表示出来。认识刮风这种天气时，采用"放"的方式，让学生独立分析刮风这种天气的主要特点，再用抽象的符号表示出来。3个活动层层递进，使学生逐步形成分析天气特点的能力，掌握常见天气的主要特点，并能用抽象的符号来表示。

3. 采用抓主要特点的方法，认识各种天气的主要特点

在认识天气的过程中，虽然每一种天气都有其特点，但是学生对此没有明确的认识。比如在认识雨天的过程中，学生在观察雨天的图片、提取雨天的特点时认为：天空中落下雨水、地面有积水、人打伞、人穿雨衣、汽车的雨刷在动等都是雨天的主要特点。教师通过图片对比帮助学生发现：不下雨的时候，地面上也会因为各种原因有积水；天空中落下的水不一定都是雨水，如给飞机"洗澡"的时候，喷水枪喷出来的水虽然从高空中落下来，但不是下雨的雨水。这样，学生才意识到只有自

然界中落下的雨水才是雨天这一天气现象最主要的特点，所以下雨天可以用雨点来表示。通过这样的练习，学生逐步掌握了从众多信息中提取不同天气主要特点的方法，为建立相关概念打下基础。

十、【学生实验记录单】

学习实验记录单如表 3-1-3、表 3-1-4 所示。

表 3-1-3

天气		天气	
能表现天气特点的符号		能表现天气特点的符号	

表 3-1-4

时间	用符号记录天气	时间	用符号记录天气

案例 2：多变的月亮

河南省商丘市城乡一体化示范区贾寨镇张林小学　刘秋梅

主题	多变的月亮		
教材版本	大象 2017 课标版	年级	一年级下册
单元	第三单元　太阳与月亮	课时	第三课时

一、【课标内容】

13. 在太阳系中，地球、月球和其他星球都在有规律地运动着。

13.3　月球围绕地球运动，月相每月都会有规律地变化。

一至二年级　描述月相的变化现象。

二、【教学目标】

（1）科学知识：知道与月亮相关的自然现象，知道月相是不断变化的，能用自己的话描述月相的变化规律。

（2）科学探究：在教师的指导下，通过说月亮、画月亮、比月亮及多媒体演示，知道月相是不断变化的。

（3）科学态度：能在好奇心的驱动下，对月相变化这一自然现象表现出探究兴趣；能如实讲述事实并尊重不同意见；能在教师的指导下，尝试用多种方式认识月相，培养有效倾听、合作分享的探究能力。

（4）科学、技术、社会与环境：了解月相与农历的关系，并初步意识到它与人类生产、生活有着密切关系。

三、【学情分析】

月亮对于学生来说并不陌生，但对于月相的变化，一年级学生的认知较模糊。学生画出的月亮中，蛾眉月和满月比较常见，其他的月相不太多，还有个别错误的月相。语言上，学生会用"胖瘦"来形容月亮的样子，因此，需要对比月相图整体感知。

爱玩是孩子的天性。我本着"学中玩，玩中学"的理念，设计本节课的内容，使学生在玩中体会学习的快乐，从而爱上科学。由于低年级学生自控能力比较差，在活动前必须讲清要求。例如合作交流时，注意倾听，小声交流；完成后用坐姿告诉老师等。再者，要注意照顾学习程度不同学生的参与度，适时提醒学生应该注意的问题，以达到预期的教学效果。

四、【教学重点与难点】

（1）教学重点：初步认识月相。

（2）教学难点：在教师的指导下，能用语言初步描述月相的变化规律。

五、【设计理念】

（一）教学内容

"多变的月亮"是大象2017课标版一年级下册第三单元"太阳与月亮"的第三课，它是在前面认识了"太阳和我们的生活"及"太阳对动植物的影响"这个基础上进行的，是对"太阳系中，地球、月球和其他星球有规律地运动着"的初步体验，为后续深入学习做铺垫。

在本节课，教材首先以猜谜语的形式引出对象——月亮，然后组织学生思考以下几个问题。例如，我们都见过什么样子的月亮？比一比，自己看到的月亮像哪一个？我们都能找到和自己剪的月亮相似的照片吗？通观本节课教材，怎样在了解月相知识的同时，最大限度地激发学生的学习兴趣和求知欲，成为我关注的重点。

本着研究的心态，我进行了教学设计，并在商丘市2018年度中小学优质课评选活动中，获小学科学学科优质课一等奖。

（二）教学方法

科学新课标中指出："科学教师应尽可能掌握多种科学教学方法和策略，要多采用能激发学生兴趣、符合学生认知发展规律，以及能充分调动学生积极性的教学方法和教学策略，使学生愿意主动学习。"

由于本节课是月相知识的初次学习，学生对"月相"这一科学概念很陌生，但对月亮很熟悉，故采用探究式学习方式，带领学生从生活中来，到生活中去。从学生自身的发现活动出发，到一系列的问题呈现，再到动手操作、表达交流、反思评价等，每个要素都涉及多个科学思维方法。

在时间和空间都有限的课堂上，解决真实情境中的问题对学生科学思维的发展至关重要，同时也是激发学生兴趣、促使学生主动学习的关键。时空的局限可以通过开展综合实践活动或者结合网络实施教学等途径加以解决，因此在课堂上插入了"实验视频"。该视频一方面揭示了科学学习方法之实验法，另一方面也启示学生"科学讲究实事求是，任何实验结果都要用实际行动来验证"，从而使学生自己去观察月相变化，去验证实验现象。

除此之外，本节课的学习方法还包括合作学习法、情境教学法、科学游戏法等，这些教学方法都根据教学实际加以灵活运用。

六、【教学准备】

（1）教具：PPT、月相图片（实景图和实验图各一张）。

（2）学具：学生活动手册每人一册、"画月亮"卡纸每人一张。

七、【教学过程设计】

总体思路：本节课教学的核心是了解自然现象——月相。因此，我在教学过程中随着教学情境的变化，不断地注入新的活动（猜谜语、说月亮、画月亮、比月亮、看视频等），在活动中激发学生学习兴趣，引导学生合作探究。所以，本节课的教学就是一堂基于兴趣、激发好奇心的科学探究课。

（一）谜语引入

谈话：课前，我们先来猜个谜语，"有时落在山腰，有时挂在树梢，有时像个圆盘，有时像把镰刀。"（学生说出谜底）那么厉害，一起喊出来吧。（学生：月亮）（PPT出示谜语）

问题1：想一想，谜语里提到了月亮的样子吗？（学生：像个圆盘，像个镰刀）（PPT出示圆形和镰刀形月相图片）

问题2：那月亮是不是只有这两个样子呢？今天，我们就一起来学习"多变的月亮"。

设计意图： 谜语形式的引入，使学生自然地进入教学情景；简单提问，激发了学生学习的兴趣和求知欲望；再联系实际，用贴近生活的事例引入课题。

（二）合作探究

1. 谈话交流

"多变"是指月亮有很多变化吗？那可得仔细想想，你都见过什么样子的月亮呢？

2. 画月亮

现在，咱们就来画月亮。要求：独立作画，完成后同桌之间互相说一说，你有没有见过他画的那个样子的月亮？（PPT出示要求）

3. 比月亮（粘贴月相实景图）

导语：大家的发现非常有价值，那到底有没有这样的月亮呢？咱们接着看。

瞧，老师找到了一张月亮的集体照，它们的样子都不一样，但有着一个共同的名字——月相，月相就是月亮的样子。

谈话：比一比，自己画的月亮像哪一个？同桌合作交流。

设计意图： 在合作探究时引导学生质疑问难，教师可以更好地了解学生的学习情况，使引导和讲解做到有的放矢，还能调动学生求知的积极性和主动性，培养创新精神。

（三）拓展延伸

1. 观看视频，整体感知月相

谈话1：原来月亮有那么多的样子，真是一个多变的月亮！那它到底是怎么变来变去的呢？我们先通过一个小实验来了解一下月相变化的全过程。（PPT出示视频）

谈话2：月相是不断变化的，那是不是随便变的？有没有规律？我们把实验从头再看一遍。

2. 认识农历（阴历）

谈话3：每个月相下面都有一个日期，这是我国独有的一种表示日期的方法，叫农历，它是我国古代劳动人民根据月相变化规律制定出来的，而后多以此来指导和安排生产劳动，所以要观察月亮就要以农历日期为标准。（PPT出示农历）

农历从月初到月末，这一个月中月相是这样变化的（粘贴月相实验图），等到下一个月的开始，月相又重复这个过程。所以，月相是不断变化的。（板书）

设计意图： 这个教学环节通过多媒体画面，引入一种重要的科学探究方法——实验，并引导学生发现有关"农历"的知识，由课内迁移到课外，开拓学生的知识视野，发展学生的人文素质。

（四）课堂小结，布置作业

谈话1：这节课，你学会了什么？（学生：我们在地球上看到的月亮的样子就是月相，并且在实验中知道了"月相是不断变化的"）

谈话2：科学讲究实事求是，任何实验结果都需要用实际行动来验证，你愿意用自己的行动来验证月相的变化吗？（学生：愿意）相信大家都是说话算数的好孩子，那我们的作业就是观察月亮，画一画。

PPT出示要求：选择安全的地点，在大人的指导下进行观察；按要求完成不同日期的月相记录。

结语：只要动手去做，坚持去做，你就会有更多的发现、更大的收获！好，这节课就到这里。

设计意图： 课堂小结是对一节课所学知识的系统归纳和总结。通过积极引导，将教学的这个环节交由学生完成，使他们既重视且能够复习刚刚学过的知识，又在方法和技能上得到一次训练的机会。布置作业前渗透正确的科学观，使学生从思想上意识到科学与生活的紧密联系，激活学生已有的生活体验，从而产生新的知识期待，促使他们感悟生活中的科学。

八、【评价设计】

学习评价有多种不同的方式，就小学科学课而言，主要有过程性评价和总结性评价两种。我在本节课的教学中，适时地采用了这两种评价方式。

1. 过程性评价

过程性评价指的是在学习过程中进行的，与学生的学习交融在一起的，包括课前、课中、课后针对学生的学情及学习表现所进行的评价活动。在本节课教学中，我设计了一系列具有良好结构性的问题，引导学生质疑，并及时有效地加以评判和反馈，学生在整堂课中都得到了合理有效地评价。这种贯穿于全课的过程性评价既有利于学生的自主学习，也能帮助教师及时调整教学策略。

2. 总结性评价

总结性评价指的是在学习进行到一个阶段之后，针对学习的效果进行检查的评价活动。对于低年级的学生来说，教师向他们提问"你学会了什么？"有助于他们在板书中明确本节课需要学习的知识。而后，教师追问"你愿意用自己的行动来验证月相的变化吗？"让学生进行角色代入，激发学生进行实践活动的主动性。学生围绕着这个情景，结合本节课所学，对"科学讲究实事求是，任何实验结果都需要用实际行动来验证"有了更深层次的理解。边动手、边思考，两者相互支持，在课下的观察任务中，激发了学生的观察兴趣，这样的总结性评价的效果是值得肯定的。

九、【案例评析】

学生第一次接触到月相这一科学概念，让学生正确认识月相的变化规律是本节课难点，故培养观察力，激发和保持学生的观察兴趣尤为重要。动手动脑做科学，实事求是讲科学，激发兴趣玩科学，乐此不疲找科学，是本节课教学设计的特色。

小学科学课与其他课的重要区别之一是，很多情况下学生要通过动手做来学习科学，如做实验、制作模型、观察、测量、种植与饲养……这些活动不仅是学生喜欢的学习方式，也是学生理解科学概念的重要经验支撑。天体运动是比较抽象的，因此教师需要在教学过程中基于学生已有的感性认识进行有效教学，并多利用模拟实验和多媒体展现自然现象。

　　课前谜语导入，课中通过说一说、画一画、比一比，使学生在观察比较、讨论交流中学习到"月相就是月亮的样子"；对于月相的变化规律，学生不能整体感知，因此需要教师借助视频"科学小实验"，一方面让学生了解到科学研究的方法之实验法，另一方面也渗透了正确的科学探究观和科学态度观，激励学生自主验证月相的变化规律。

　　动手与动脑相结合，两者相得益彰。尤其是低年级的科学课堂，更应该以激发学生的兴趣、调动学生的好奇心为重点。另外，观察月亮是一个长期的任务，需要学生进行长期探究，这个任务不存在能力问题，故兴趣尤为重要。

案例 3：数星星

辽宁省沈阳市沈北新区道义第二小学　吕超

主题	数星星		
教材版本	江苏凤凰教育出版社	年级	二年级上册
单元	第二单元　天空中的星体	课时	第六课时

一、【课标内容】

13. 在太阳系中，地球、月球和其他星球都在有规律地运动着。

13.4　太阳系是人类已经探测到的宇宙中很小的一部分，地球是太阳系中的一颗行星。

15. 地球是人类生存的家园。

15.3　人类活动会影响自然环境。

一至二年级　无具体学习目标要求。

二、【教学目标】

（1）科学知识：知道星星有大小、明暗的区别；知道星星也和太阳、月亮一样是天空中的星体。

（2）科学探究：能够在教师的指导下观察星空，初步描述星星的特点；能够对星星为什么有大小、明暗和白天看不到星星的原因进行猜想；能够通过模拟实验探究了解夜晚看到星星的原因；能够初步体会用图示法表示星星明暗。

（3）科学态度：养成用事实说话的意识；乐于与同伴分享观星经验；能够对星星等宇宙天体产生观察和继续研究的兴趣；对中国人研究星空锲而不舍的精神产生敬仰之情。

（4）科学、技术、社会与环境：通过探索观测星星的环境条件，了解光污染和空气污染对观测星星带来的影响，提升环境保护的意识；初步体会科技发展对研究星星的促进作用。

三、【学情分析】

（一）前概念调查

综合运用选择题、直接提问法、访谈法等多种方法对学生的前概念进行调查（样本班级人数：35 人），前概念调查表如表 3-3-1 所示。

表 3-3-1

调查内容	人数分布			
你有过认真观察星星或者星空的经历吗	认真观察过：15 人	只是偶尔随便看看：16 人	没有观察过：4 人	
你认为星星看起来相同吗	相同：20 人	不同：11 人	不知道：4 人	
如果你觉得星星看起来不相同，具体哪里不同	大小不同：8 人	亮度不同：0 人	不知道：3 人	
认为星星大小不同的8人：星星为什么有的大、有的小	与距离远近有关：5 人	与星星自身的亮度有关：1 人	与前两者都有关系：0 人	与月亮有关：2 人
白天为什么看不到星星	星星被云朵遮住了：3 人	星星跑到别的地方去了：3 人	太阳太亮了：15 人	不知道：14 人
说说你知道的星星的名字	2 种及以上：2 人	1 种：17 人	不知道：16 人	
说说你知道的天文学家的名字	说出一个名字：1 人		不知道：34 人	

（二）总结分析

（1）大部分学生有过观察星空的经历，但是近一半学生观察星空时缺乏目的性和意识性。因此，有必要引导学生对星空进行有意识、有目的的观察，从而感受浩瀚宇宙的神奇。

（2）鉴于低年级学生的观察经验和认知水平有限，对于星星是否不同、哪方面不同、不同的原因、白天见不到星星的原因普遍存在错误的前概念，因此教师可以通过指导课前观察搜集证据、出示前人经验、引导建立简单模型、模拟实验等方法来解决这些问题。

（3）仰望星空是儿童的天性，但是他们对于星星和天文学家了解甚少，年龄小又缺乏科学的观察手段和研究方法，导致学生观察兴趣持续时间短。"数星星"是学生感兴趣的研究，并有可能对他们今后从事的职业产生影响。因此，教师有必要引入适宜学生接受的、简单的相关科学史的内容，以及一些简单的观察星空的记录方法，从情感和方法上双重激发学生研究星星的兴趣，使学生产生自豪感和成就感。

四、【教学重点与难点】

（1）教学重点：观察星空，知道星星有大小和明暗的区别；初步体会用图示法来表示星星明暗。

（2）教学难点：探索白天看不到星星的原因。

五、【设计理念】

（一）教学内容

"数星星"一课是江苏凤凰教育出版社（以下简称"苏教版"）二年级上册第二单元"天空中的星体"的第六课，属于地球与宇宙领域的内容。本节课与前两课"晒太阳""看月亮"类似，为中高年级深入学习"地球 月亮 太阳""地球的运动""探索宇宙"等课程打下基础，使学生通过学习产生对宇宙星体的探究兴趣。在本节课中教材首先出示了星空照片，提出问题：仔细观察，星星有什么不同？接下来引导学生猜想和探究为什么白天看不到星星。最后通过对比城市和乡村的星空照片，与学生交流如何选择合适的观星条件，并理解月明星稀的含义。我基于学科大概念和主要概念，依据学习进阶和具体学情设计了本案例，并在2019年沈阳市教师素养大赛上做了教学展示。

（二）教学方法

为了更有效地落实"知道星星有大小、明暗"这一教学目标，本节课采用了实地观察法，在课前布置了有指向、有目的的观察任务：数一数你看到几颗星星？都是什么样子的？星星之间有什么不同？……画下或者写下印象最深刻的一次观察，并上传到微信互动平台，学生浏览、交流，教师及时给予质性评价。初步运用图示法表示星星的大小、明暗、位置关系等，为高年级进阶学习做准备。通过模拟实验法找寻白天看不到星星的原因，同时将小组合作学习法、谈话法等教学方法与模拟实验法、观察法结合起来灵活运用。

六、【教材的创新改进】

（一）教材内容的删减替代

教材中是用手电筒来模拟"为什么白天看不到星星"的实验。白天一定看不到星星吗？不一定，早上或者傍晚天不太亮的时候有时是可以看到星星的。归根结底，这是环境光和物体光引起的视觉对比现象，即明暗对比。

我依据学生的认知，改进了模拟实验，用人体夜光漆制作了星星贴纸（见图3-3-1、图3-3-2）。通过光的明暗对比，很容易就理解了白天为什么看不到星星。通过实验，激发了学生长期观察宇宙星空的好奇心和兴趣。

图 3-3-1

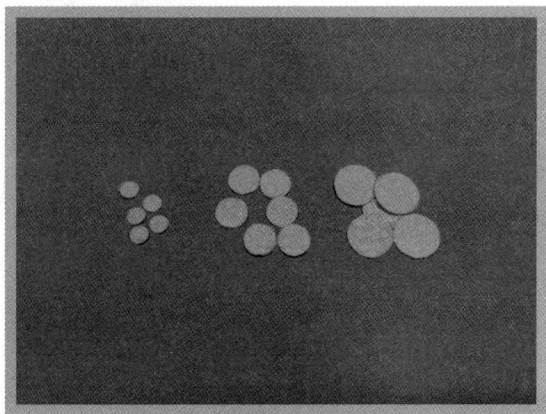

图 3-3-2

（二）教材内容的增加

本节课的课题为"数星星"，但是"数"的韵味差了一些，于是我创新性地把天文学家赫歇尔的"分组数星法"引入课堂，给星星分组。选取12组星星，把星星进行模糊处理，分成明暗不同的3个等级，并用大小不同的圆圈来表示不同等级的星星，把星星的位置、角度关系体现在图上。学生通过"贴一贴""数一数""连一连"和"取名字"来制作星空地图。

七、【教学准备】

（1）教具：遮光布、微信互动平台、互动投屏 App、星空地图 App、PPT。

（2）学具：夜光星星贴纸若干、课前观察记录单每人一张、不同的星座地图每组一张、观星计划单每组一张、固体胶每组两个。

八、【教学过程设计】

（一）观察探究——探究星星间的不同点

1. 交流引入

我们来做一件非常了不起的事情——数星星。

设计意图：开门见山，揭示主题。

2. 探究星星为什么有大小、明暗

经验交流：（通过互动投屏 App 投屏学生"写或者画"的记录单）通过一周的观察，请你选择印象最深刻的一天和大家交流。

（1）什么时间看到了几颗星星？是什么样子的？

（2）星星之间有什么不同？你是如何表示的？

预设：星星大小、明暗、颜色、形状等不同。

猜想：为什么星星的大小和明暗不一样呢？你是怎么想的？

预设：与距离的远近或者本身的特点等有关。

猜想：为什么星星有的明亮，有的黑暗呢？

播放视频：让学生了解星星发光能力强弱和距离的远近都会导致明暗的不同。

引导总结：星星与我们距离的远近会导致我们看到的星星大小不同，而星星本身的发光程度不同则会导致其明暗的不同。有些星星虽然看起来小或者暗，但事实并非如此，有可能是距离太远所导致的。

设计意图：通过学生长期的、有目的的观察总结出星星有大小、明暗之分，引导学生进行猜想；视频资料有助于纠正学生错误的前概念。

3. 制作星空地图

你们观察到的是全部的星星吗？条件好的情况下，我们会看到多少星星呢？下面我们通过视频来了解这些问题（播放满天繁星的视频）。这么多的星星要怎么数才能数得清呢？

学生表达想法。

天文学家赫歇尔有一个伟大的梦想，那就是数遍天上的星星，猜猜他是怎么实现的？（教师出示图片）

学生进行猜想。

把天空分成很多个小区域是数星星的好办法。

我们和科学家一样有一个伟大的梦想，为了实现这个梦想，我们先确定一个小目标：数清并观察一个小组的星星。为了更好地找到它们，先来制作一份小组的星空地图！

教师指导学生合作。

贴一贴：这里有3种不同的圆圈，它们分别表示亮度不同的星星，根据图示把这3种圆圈贴在相应的位置，边贴边总结最亮的星、最暗的星分别有几颗。

连一连：用线把星星连起来。

取名字：根据小组的图形，给星组取名字，写在横线上。

完成后把本组的星空地图贴到黑板上。

展示交流，介绍本组的星星。

设计意图：古代或者现代天文学家在研究星空时运用了命名、划分星座（区域）、图示、模型等多种多样的研究方法，学生通过绘制星空地图能够初步感知研究星星的方法，同时为下面的模拟探究做好铺垫，为中高年级的进阶学习做好准备。

（二）模拟探究——为什么白天看不到星星

1. 提出问题

我们此时此刻（白天）可以拿着这份星星图纸到外面去找星星吗？

预设：白天没有星星。

2. 猜想

为什么白天看不到星星呢？

预设：太阳太亮了，星星跑了，等等。

3. 模拟验证

星空地图上的星星一直在发光，你们相信吗？我们来验证一下。现在太阳渐渐落山了（关灯），你看到了什么？（学生：星星出现了）

现在太阳出来了（开灯），你看到了什么？（学生：星星消失了）

引导小结：（1）太阳的光芒遮住了星星的光芒，所以我们在白天不容易看到星星，但是星星还是存在的；（2）我们刚才运用的方法是模拟实验法，当研究对象离我们很远时，可以用这样的方法进行研究。

4. 观察星空地图

如果把各个小组的星空地图和更多的星空地图拼在一起，就会形成整个天空的星空地图。我们一起来看看，科学家是怎么为星组取名字的，又是如何表示星星大小和明暗的。

设计意图：通过这个有趣的模拟实验帮助学生理解白天看不到星星的原因，让学生在趣味中收获知识；教师有目的地引导学生了解模拟实验，力求学生能够在科学研究方法上得到启发，培养科学思维转化能力。

（三）制订观星计划

1. 小组讨论交流填写计划表

如果想要看到这样的满天繁星（展示图片），该选择什么条件才能实现呢？我们来做一份观星计划吧！

教师引导交流，学生说出理由。

（1）选择旷野的原因是什么？城市为什么很难见到满天繁星？（学生：高楼大厦、光污染和空气污染都会影响对星星的观测）

（2）选择的天气是晴天还是阴天？（学生：晴天，因为云朵少，有利于观察星空）

（3）选择的时间是月圆时还是月牙时？（学生：选择月牙时，因为月亮比较暗，此时的星星更明亮）古人曹操也和你们有同样的感受，他曾咏出"月明星稀，乌鹊南飞"。你理解这句诗的意思吗？和大家说一说。

（4）为什么带上望远镜、照相机、记录本这些物品？（学生：望远镜可以用来帮助我们观察，照相机、记录本可以用来及时记录）当然还要带上我们的星空地图！

2. 引导交流

做记录时可以用不同的方式（颜色、形状、大小）表示星星的大小和明暗。

3. 小结

天文学家在设置天文台时与你们的想法一样，选择海拔高的空旷地区、天气干燥的晴天、远离非自然光源的地区等，观察时间为农历的月初或者月末，借助器具和地图更有利于观察。

设计意图：制订观星计划与前面的环节相对应，符合学生的认知发展；在暴露矛盾、解决矛盾的过程中使学生了解应该如何选择观察星星的条件；通过光污染对观星的影响帮助学生树立环保意识和正确的科学技术发展观；了解天文台的选址条件帮助学生建立"小学生也可以做科学"的意识。

（四）了解我国航空航天事业的发展

在中国还有一些和我们一样喜欢星星、研究星星的人，在做着非常了不起的事情，下面让我们通过视频进一步了解他们。（视频介绍我国航空航天事业的发展情况）

引导：坚持观察，你一定会从美丽的星空中获取无限的知识。

设计意图：通过介绍现代航空航天事业的发展，体会中国人对星空锲而不舍的研究精神，把研究的种子埋进学生心间。

九、【评价设计】

依据教学目标我设定了这样的核心评价导向：能否基于现有水平进一步像天文学家那样研究和思考。并综合运用语言表述、文字表达等评价形式，从以下两方面着重进行评价。

1. 指导性评价

学生把画下或者写下的观察记录上传到微信互动平台，教师及时在平台上给予质性评价，第一时间能够了解学生的观察情况，并给予有针对性的指导，从而引导学生进行有效的观察。学生、家长通过充分交流，建立多元评价体系，评价充分发挥诊断和导向功能，从而达到"以评促学"。

2. 发展性评价

在活动中教师灵活运用丰富、恰当的语言来评价学生的语言表达、思维方式、合作情况等。教师把含有相关天文知识（中国古人划分星空的方法、天眼简介、天文电子书、观星 App、天文台介绍等）的资料传递给学生，既拓展了学生的视野，又激发了他们继续研究星空的兴趣。依托评价的诊断、激励功能来发展学生的思维，让他们保持继续研究的热情。

十、【案例评析】

本节课的教学设计有以下五大特色。

1. 大概念设计，小概念实施

本案例以宇宙领域的核心大概念为导向，整体架构教学的各个环节，同时运用科学的方法对学生的前概念进行了调查和分析，以便所设计的内容贴合学生的原有认知。把众多的小概念以课堂活动为依托建立起立体的联系，为最终形成大概念打好基础。

2. 依托知识的进阶促进方法、思维和能力的进阶

纵观古今中外，图示法是天文学家常用的表示地球与宇宙知识的方法，因此在课堂上我积极引导学生用天文学家的方法来研究星星。本节课案例巧妙地把赫歇尔

的"分组数星法"引入课堂，这样做可以把图示法和数星星有效地结合起来，既能激励学生持续观星，又能为中高年级研究星座、认识宇宙星体、建立空间概念打下观测基础。学生们在活动中能够感知科学研究的方法，运用图示法能够提升思维的转化能力。

3. 创新实验设计

根据学生的认知，我改进了"白天为什么看不到星星"这个实验的材料，改用涂有夜光漆的星星贴纸代替手电筒进行模拟实验。当光暗下来，看到美丽又神秘的星星亮起来，学生非常激动，很容易就找到了白天看不到星星的秘密，从而激发了学生长期观察和研究的兴趣。

4. 建立网络与课堂的联动

学生利用微信互动平台上传观察记录或者照片，以便第一时间与教师、同学进行互动，使观察更有效。

学生通过星空地图 App 能够实时观测天空中的星星，既感知了科学家的研究方法，也为未来更有效地观测星空提供支持和帮助。

以网络质性评价这样的方式推动活动的有效进行，既创新了评价方式，又能利用评价指引学生研究得更广、更深入。充分利用互联网，使课前、课中、课后都变得更加生动、有效。

5. 把人文精神贯穿始终

将宇宙万物的美、逻辑美、理性美等在课堂中充分表达，使学生通过一系列的活动感受到宇宙星空的美丽，从而体会到科学的魅力。通过赫歇尔和中国人研究宇宙星空的故事，学生解决了"知识是什么""知识从哪里来""知识有什么用"等问题，建立了"坚持观察"的意识。课堂上还应该充分释放学生的心智和思维，在他们心里埋下探索宇宙的种子。

十一、【学生实验记录单】

"数星星"课前观察记录单如表 3-3-2 所示。

表 3-3-2

"数星星"课前观察记录单			
班级		姓名	
1. 观察时间：（　）年（　）月（　）日（　）时			
2. 观察地点：（　　　　　　　）			
3. 请你在下面表示出你看到的星星或者星空的样子（可以画图，也可以用文字或者拼音写出来）：			

第四章　技术与工程

案例1：做个铅笔加长器

江苏省南京市力学小学　桂瑶

主题	做个铅笔加长器		
教材版本	教育科学出版社	年级	一年级上册
单元	第一单元　走近科学	课时	第二课时

一、【课标内容】

18. 工程技术的关键是设计，工程是运用科学和技术进行设计、解决实际问题和制造产品的活动。

18.3　工程设计需要考虑可利用的条件和制约因素，并不断改进和完善。

一至二年级　利用提供的材料和工具，通过口述、图示等方式表达自己的设计与想法，并完成任务。

二、【教学目标】

（1）科学知识：利用身边的材料和简单工具动手完成制作铅笔加长器的任务，并对设计制作的产品不断改进，力争做得更好。

（2）科学探究：通过对组内成员作品的试用，提出建议，能够从牢固性及美观性等不同角度进行评价。

（3）科学态度：在产品调试过程中，能够根据自己的使用感受，清晰准确地提出自己的建议，并愿意倾听别人提出的建议。

（4）科学、技术、社会与环境：通过"使用铅笔加长器能够轻松写字"的活动，意识到生活中常见的科技产品能给人类生活带来便利。

三、【学情分析】

一年级的学生在日常生活中几乎都听过工程师这个职业，对于工程师有一些粗浅的了解，如知道不同工程师从事不同工作，有建筑工程师、飞机工程师等。但因为生活中接触较少，学生对于工程师的具体工作的认识是较为缺乏的，他们不知道工程师是如何制造出产品的。虽然学生在生活中也曾搭建过积木、建过沙雕，进行过一些简单的制造，但没有在生活中进行过系统的工程设计。本节课的活动目的就是让学生去体验工程师的工作，体验工程设计的过程，让学生对工程设计有一个初步的了解。

四、【教学重点与难点】

（1）教学重点：体验制作一件物品的过程，体验工程师的工作。

（2）教学难点：能够结合试用感受，对他人的作品进行评价，并提出修改建议。

五、【设计理念】

（一）教学内容

"做个铅笔加长器"是教科版一年级上册第一单元"走近科学"的第二课。在进行本节课教学前，教材已经列出了工程师的工作流程：画设计图，制作样品/模型，调试产品，维修机器。因此，学生对工程师的工作有了大致的了解。随后，教材展示了高铁、跨海大桥、鸟巢等工程师们的杰作，让学生意识到生活与工程师的作品息息相关，工程师的作品改善了我们的生活。在此基础上，学生进行本节课的学习——做个铅笔加长器。本节课中，学生需要进行简单的设计，运用工具对材料进行简单的加工，最后形成一个作品，同时还要让学生进行作品展示、比较，再和成熟的产品做比较，这样可以初步让学生对工程设计有一个朦胧的认识，并体验到工程师完整的工作流程，进一步了解工程师的工作。

（二）教学方法

科学新课标中指出："在科学学习中，灵活和综合运用各种教学方式和教学策略都是必要的。"本节课采用多种教学方法相结合的方式进行教学。

情境法贯穿整个教学过程。创设用短铅笔无法写字的"真"情境，让学生在真实情境中进行"真"探究、"真"学习，让本节课的探究有目的、有驱动力、有价值。

虽然本节课是每人制作一个产品，但是在学生独立制作过程中，合作学习穿插运用其中。在学生制作铅笔加长器、调试产品时，都是以小组学习为载体，相互帮助、相互评价、相互促进的，在合作学习中每个成员的作品都得以改进。

除上述两种教学方法之外，资料阅读法、讨论法、讲授法等方法也在本节课的教学中恰当运用。多种教学方法相结合，有主有辅，张弛有度，让教与学都变得更加轻松。

六、【教学准备】

（1）教具：PPT。

（2）学具：实验记录单 2 张、短铅笔头 2 支、粗吸管 1 根、细吸管 2 根、一次性木筷 2 双、A4 纸 1 张、超轻黏土 1 包、剪刀 1 把、透明胶带 1 卷、双面胶 1 卷。

七、【教学过程设计】

总体思路：本节课的教学重点在于让学生体验制作一件物品的过程，体验工程师画设计图、制作样品、调试产品等工作，并制作出一个初代产品，不要求学生一定制作出技术较为成熟的产品。

本节课以制作铅笔加长器为载体，让学生先设计，以便在绘制设计图时，学生对样品的所用材料、制作步骤和样式有初步的构想。在设计图的指导下，学生再进行材料的选择和明确制作步骤。在设计部分完成后，学生以小组为单位，进行样品制作。然后，同样以小组为单位，进行样品试用、评价和改进。学生对于材料的选择，以及铅笔与加长器之间的连接方式，是影响产品实用性的重要因素。最后，以爱迪生为例，以数字为证，对学生进行科学史的教育，让学生意识到工程师需要针对产品进行多次调试，才能制作出较好的产品。

在制作的过程中，学生不仅对工程技术建立了初步的概念，为中、高年级段的设计与制作奠定了良好的基础，而且提高了操作、分析及评价等能力，这些能力最终促使学生提高科学素养，促进学生的全面发展。

（一）情境导入，明确任务

（1）讲述：昨天老师听见一个小朋友一边写作业一边自言自语，他在说些什么呢？我们一起来听一听。

（2）播放视频。

情境：学生在教室里用短铅笔写字，感叹铅笔太短了，已经握不住了，写不了字了。

（3）提问：他遇到了什么样的麻烦呢？（学生：铅笔太短了）是的，他的铅笔太短了，和他有一样经历的小朋友请举手。（学生举手）

（4）提问：看来很多小朋友都遇到过这样的麻烦，那你有没有什么好方法来解决这个问题呢？请同桌两人交流一下自己的方法。

（5）学生交流方法。

（6）揭题：你们提供了非常有创意的想法，比如说可以用一些物品来加长铅笔，我们将能够加长铅笔的产品称为铅笔加长器。那我们今天化身小小的工程师，在课堂上做个铅笔加长器，亲自来解决这个麻烦。（板书：做个铅笔加长器）

设计意图：通过创设短铅笔无法使用的情境，唤起学生共同的生活经验，引导学生针对该问题进行思考和交流，激发学生的好奇心和求知欲，积极寻找解决方案，并聚焦本节课的研究对象。

（二）画设计图

1. 画草图

（1）提问：老师这里有一支短铅笔（出示短铅笔），你准备为它设计一个什么样的加长器呢？你能画出来吗？老师已经在纸上画好了短铅笔（出示学生实验记录单1），请你接着画出你想设计的加长器。

（2）学生画草图，自主设计。

（3）分享设计：谁愿意和同学们说一说你的加长器是什么样的呢？（分享要点：材料、制作步骤）

（4）小结：刚刚同学们画的铅笔加长器的图比较简单，称为草图。（板书：草图）

设计意图： 画草图是设计图中最重要的部分。学生绘制草图时，已经对常见材料进行了分析，对样品的所需材料、制作步骤和样式有了初步的构想。搭建了大框架，学生就有了明确的目标，从而才能进行材料的选择和明确制作步骤。

2. 圈材料

（1）提问：只有这张草图，我们能不能把加长器做出来呢？还需要什么呀？

（2）讲述：还需要用来制作铅笔加长器的东西，我们称为材料。（板书：材料）

（3）认识材料：老师给你们提供了一个有很多材料的材料仓库，这些材料你们都认识吗？按顺序来说一说。（出示材料图）

安全提示：你能给可能用到剪刀的工程师们提出点建议吗？

（4）选择材料，明确步骤：你能利用仓库中的材料做个铅笔加长器吗？（出示学生实验记录单2）

①圈一圈：你需要哪些材料呢？在你需要的材料上用彩铅画圈。

②说一说：你想如何用这些材料来制作呢？请你和同桌小声地说一说。

（5）分享材料及制作步骤：谁愿意分享一下，你想怎么做？

（6）小结：我们刚刚画了草图，圈了材料，这就是在画设计图。（板书：画设计图）

设计意图： 画出草图，学生对制作就有了大致的框架，在此基础上进行材料和制作步骤的明确。一年级学生绘画能力及书写能力有限，所以本环节采用先认识材料，再圈出材料及说步骤的方法，帮助学生建立制作的清晰概念。在选择材料时，注重选择合适的加长和加固材料。

（三）制作样品

（1）提问：设计图画好后，下一步需要做什么？

（2）明确制作要求：需要用材料制作样品（板书：制作样品），在制作前老师有一些温馨小贴士送给同学们，请同学们齐读。

温馨小贴士：

①根据设计图在 8 分钟内完成制作；

②4 人使用一个材料仓库；

③垃圾放入垃圾盘中。

（3）学生制作：小组长拿材料仓库，根据设计图完成样品制作。

设计意图：学生化身小小工程师，亲自体验制作产品的过程，制作出初代产品。在活动中，学生锻炼了操作能力，发现设计过程中可行与不可行之处，感受设计不合理的地方，积极思考对策，并体会到工程师制作产品过程的不易，通过设计与制作提升科学探究能力与创造能力。

（四）调试产品

（1）提问：想知道你的铅笔加长器究竟好不好用该怎么办？（学生：试用）

（2）组内试用。

试用要求有以下 3 点。

①写一写：组内每个成员分别使用 4 件样品写工程师的"工"字。

②选一选：通过举手表决的方式选择出最好的样品，并说一说选择的理由。

③改一改：分别给其余 3 个样品进行评价，提出修改建议。

（3）组间交流：各组介绍最优秀的作品及选择理由。

（4）明确评价标准：连接是否牢固。

（5）小结：我们评价时需要从不同方面进行比较；我们的作品还需要再修改、再完善；我们将刚刚试用产品的过程和修改产品的过程称为调试产品。（板书：调试产品）

（6）课后探究：学生根据组员们提出的修改建议重新修改设计图，并修改样品。

设计意图：初代产品一般都会存在一些不是很合理的地方，需要进行试用，根据试用感受再进行调整。在试用与交流的过程中，学生一方面能够学习其他产品的经验，明确自己产品的优缺点，为后续的调整奠定基础；另一方面增强了表达、合作及评价的能力，通过对技术产品的评价和运用来培养科学情感。

（五）意识到工程师制作产品需要不断修改

（1）讲述：工程师在制作产品时也会遇到很多困难。

这个人你们认识吗？（出示爱迪生图片）他是伟大的发明家——爱迪生，他改进了白炽灯，用碳丝作为灯丝。

（2）提问：这里有 3 组数字，谁来读一读？（出示 3 组数字：13 个月、6000多种材料、7000 多次实验）谁知道这 3 组数字是什么意思？

爱迪生发明电灯经过了 13 个月，用了 6000 多种材料，做了 7000 多次试验。

（3）小结：工程师的工作很辛苦，希望同学们能够在课后继续修改你的产品，做一个认真的小小工程师。

设计意图：以爱迪生发明电灯为例，以 3 组数字资料为证，对学生进行科学史的教育，让学生意识到工程师需要针对产品进行多次调试，才能成功。

八、【评价设计】

在课堂教学中，评价主体大多是教师，教师在研究过程中，关注学生的参与情况，给学生提供反馈信息。本节课的教学设计中，更突出评价主体的多元化，不仅教师适时地进行评价，研究伙伴们也会进行客观的评价。

我在评价时不仅对学习结果进行评价，更注重过程性评价。在整个教学活动中，当学生对关键性问题（如：你想怎么做？你有什么方法？）进行回答时，我都会针对学生的回答进行评价，对学生的学习行为及时做出反馈，关注教学过程中学生智能发展的过程性结果，及时对学生的学习质量水平进行判断。对于学生研究的评价，我尽量以激励为主，用激励来调动学生的积极性，及时强化学生高效的研究行为。

当需要对每个学生的产品进行评价时，教师以一己之力无法完成。因此，我将评价主体转化为学习伙伴，要求学生进行试用，并针对自己的使用感受进行评价。学生和学习伙伴之间相互评价，不仅促进了小组合作学习，还使每个学生通过组内比较，能够认识到自己与他人产品的优点与缺点。在小组合作评价中，学生树立了集体观念，强化了合作意识，为他们的终身发展奠定了坚实的基础。

九、【案例评析】

一年级学生对于工程技术是较为陌生的，对于系统的工程设计及制作体验几乎为零，故本节课的教学设计注重学生对工程设计过程进行完整的体验，在体验中强调学生相关工程思维的发展与提升，并结合学生的低年龄段特征，在活动中突出教师的指导性。

1. 体验性——工程设计的基石

受限于低年龄段学生的身心发展特点与认知水平，想让他们建立起工程思维，只进行简单的概念教学是无法达到的。为了让学生建立起真正的认知，除了相关概念教学，更为重要的是要学生在工程活动中"玩"起来，在体验中获取更多的直接经验，大量的经验能够逐渐帮助学生建立起对工程技术的认知框架。

根据新课标的要求，本节课并不要求学生对工程技术有深刻认知，而是强调经历制作产品的完整过程，对工程设计建立起初步认知。故本节课以制作铅笔加长器为载体，合理分配教学时间，在任务驱动和教师引导下，学生经历画设计图—制作样品—调试产品的制作过程，并将画设计图进一步细分成画草图、选材料、说步骤这3个环节，调试产品进一步细分成试用、交流与评价、调整这3个环节，整个过程体现了体验的完整性。

在体验中，学生如果仅仅是动手制作，那科学课就变成了劳动技术课。所以，在教学中教师要不断引导学生动脑思考，在体验中体现思维性。在设计部分，材料的选择及制作步骤的明确，都需要学生根据对材料及工具的特征进行分析和对比后，再做出选择。在调试过程中，学生需要针对作品的问题进行分析，寻找解决方法，制作出性能更佳的二代产品。

2. 思维性——工程设计的助力器

在教师的引导下，学生看似已经参与在探究活动中，但是学生能否切实完成自己的工程设计，还需要学生具备相关工程思维与能力。

本节课着力于培养学生的创新能力。铅笔加长器从无到有，是学生根据所提供的材料自行设计、自主制作出来的。设计没有限制，产品没有对错。在实用性较强的基础上，学生可以设计出材料不同、样式不同的产品，百名学生、百样产品，这一教学活动充分促进了学生的创新能力的发展。

在探究过程中，学生观察、评价等能力及分析、比较等思维也是不可缺少的。面对较多的材料，学生需要通过观察了解各个材料的常见特征，并对获取的特征进行比较、分析，加以判断，筛选出最适宜的制作材料。学生的产品成功制作后，需要进行使用评价，本教学环节花费较多时间，着重培养学生的评价能力。以小组讨论的形式展开，学生在交流与表达中，逐渐意识到评价需要从多角度出发，如对铅笔加长器的评价可以从牢固性、美观性等进行评价。在进行评价时，不能只看产品的优点或者缺点，而是需要进行正、反两面的评价，如有的铅笔加长器很美观，连接却不牢固，缺乏实用性。学生在交流过程中，逐渐提高了自己的评价能力。

3. 指导性——工程设计的保障

为了学生研究能够顺利进行，为了较好地达成研究目标，教师应全程参与在学生研究中，提供适时、适当的指导，做到在前思考、在旁指导，最后评价与总结。

著名教育家杜威曾指出："教育的艺术就在于能够创设恰当的情境。"教学情境就是这样一种能够激励、唤醒并且鼓舞学生的艺术。为了让学生的研究更有目的性、更有价值，我为学生创设了短铅笔无法使用的教学情境，激发学生的科学情感，让学生在情境中合作、探究，在头脑中激起思维的浪花。

科学课的研究一般都以活动为载体，活动材料的典型与否直接决定了实验现象是否明显，从而直接影响研究质量。兰本达教授曾提出"材料引起经历"，材料对于科学研究的重要性可见一斑。但是，并不是所有材料都能触发学生的思维活动，只有合适的材料才能为学生进行建构学习提供坚实的基础。为了让学生在课堂上进行高效的研究，我为学生精心挑选了吸管、一次性筷子等加长材料，双面胶、超轻黏土等加固材料。我所提供的这些材料，都能较好地帮助学生进行科学概念的建构。

教师为学生提供了恰当的活动材料，但他们在面对一个新的实验材料时，往往不知道该如何着手操作，低年龄段学生更是如此。面对琳琅满目的材料，这些材料分别是什么？我们要用什么？要怎么用？使用时要注意什么？学生往往不知所措。面对实验记录单，每一部分代表了什么含义？具体要如何填写？填写时要注意什么？学生亦是一片茫然。这都需要教师给予恰当的示范、详细的指导。对于材料，我带领学生一一认识，并且针对危险工具的使用给出恰当提示；针对实验记录单，我仔细讲解每一个部分，且介绍了具体的填写要求。低年龄段的教学更应该抓住细节，只有立足于细节，学生才能学会规则，才能在日后的研究中更快前进。

十、【学生实验记录单】

学生实验记录单 1 如表 4-1-1 所示。

表 4-1-1

铅笔加长器设计图	
工程师	

学生实验记录单 2 如表 4-1-2 所示。

表 4-1-2

选择你需要用到的材料,并在所需材料上画圈。

案例 2：做个小挂钩

山东省济南市长清区实验小学　车东

主题	做个小挂钩		
教材版本	青岛出版社	年级	一年级下册
单元	第五单元　我们的产品	课时	第二课时

一、【课标内容】

16. 人们为了使生产和生活更加便利、快捷、舒适，创造了丰富多彩的人工世界。

16.1　人工世界和自然世界不一样。

一至二年级　知道植物、动物、河流、山脉、海洋等构成了自然世界，而建筑物、纺织产品、交通工具、家用电器、通信工具等构成了人工世界；知道我们周围的人工世界是由人设计并制造出来的。

16.2　工程和技术产品改变了人们的生产和生活。

一至二年级　体会生活中的科技产品给人们带来的便利、快捷和舒适。

17. 技术的核心是发明，是人们对自然的利用和改造。

17.3　工具是一种物化的技术。

一至二年级　认识常见工具，了解其功能；使用工具对材料进行简单加工；描述肉眼观察和简单仪器观察的不同。

18. 工程的关键是设计，工程是运用科学和技术进行设计、解决实际问题和制造产品的活动。

18.3　工程设计需要考虑可利用的条件和制约因素，并不断改进和完善。

一至二年级　利用提供的材料和工具，通过口述、图示等方式表达自己的设计和想法，并完成任务；对自己和他人的作品提出改进建议。

二、【教学目标】

（1）科学知识：知道我们周围的人工世界是由人设计并制造出来的；能简要讲述小挂钩的设计与制作过程。

（2）科学探究：认识常见工具，了解其功能，并使用工具对材料进行简单加工；利用提供的材料和工具，通过口述、图示等方式表达自己的设计与想法并完成任务，对作品提出改进建议。

（3）科学态度：乐于表达、讲述在设计与制作小挂钩时的创意和想法；初步了解产品的创造动力来源于人们的需求；体会与人合作的愉快，学会分享、学会欣赏他人的研究成果。

（4）科学、技术、社会与环境：认识身边的人工世界；了解常见的工具，如剪刀、钳子等，知道其功能和使用方法；能利用剪刀等工具加工材料，完成简单的任务。

三、【学情分析】

一年级的学生对科学课有较强的兴趣，大多数学生会通过多样观察来了解自然事物、现象，具有一定的动手、思考能力，同时对周围世界有着强烈的好奇心和探究欲望。

但是，一年级学生在对比观察、分析判断、创意表达的能力方面有较大差异，在活动中的有意注意能力有限，分工合作意识与能力有限，所以更适应直观性强、趣味性大、容易操作的体验式探究实践。

现在的学生大多见多识广，在生活中都见过钳子与铁丝，但是缺乏认真观察，无法准确描述，尤其是大部分学生没有认真、用心地操作过。因此，动手制作能力必须在平时多加练习，才能得以提高。

通过学情分析发现两个难点：一是在方案设计方面，学生的创意思维容易发散，对于作品设计的可行性和作品的评价需要引导；二是在动手制作方面，个别小组没有按照设计图来制作小挂钩，个别同学的分工合作能力有待加强。

四、【教学重点与难点】

（1）教学重点：能简要讲述小挂钩的设计与制作过程，知道我们周围的人工世界是由人设计并制造出来的。

（2）教学难点：通过总结小挂钩的研究过程，得出人工世界产品的研制过程，了解产品的创造动力来源于人们的需求。

五、【设计理念】

（一）教学内容

1. 问题与需求

本节课以图片的形式呈现了毛巾的放置等生活中的实际问题，提出了一个任务需求："做个小挂钩"。其设计目的是通过学生留意身边的现象，引发学生对"做个小挂钩"的兴趣。

2. 探究与实践

探究与实践包括两个活动。

（1）设计小挂钩。

教材通过提出问题"做个什么样的挂钩？"引出同学们对挂钩形状的思索与设计。通过"可以用曲别针做一个"引导同学们思考挂钩制作的材料选择。这个活动的目的是引导学生感知和了解在动手制作时首先要进行设计，然后选择合适的材料，为下一步的动手制作做好准备。

（2）做个小挂钩。

本环节用图片的形式引导同学们进行制作活动，然后又用图片的形式演示完成后要对产品进行测试。这个活动与上一个活动组成了制作活动环节，即设计—选材—制作—测试。实践活动使学生体会到"做"的成功和乐趣，并养成通过"动手做"解决问题的习惯。

3. 拓展与创新

通过提出问题"生活中的小挂钩是怎么来的？"引导同学们明确小挂钩的制作过程：设计—制造—产品。进一步引导同学们明确挂钩是由人设计并制造出来的。

通过提出问题"还有哪些产品是由人设计并制造出来的？"引导同学们通过小挂钩的设计，引申到生活中的设计制造。

（二）教学方法

建构主义认为，科学知识和技能不是通过教师传授得到的，而是学习者在一定的学习环境下，在教师和伙伴的帮助下，利用必要的学习资源，通过自己学习建构而获得的。结合这一理论，我主要采用了以下教法和学法。

（1）利用实物创设情境法。

著名教育家于漪说得好："课的第一锤要敲在学生的心坎上，或者像磁石一样把学生牢牢吸引住。"教师在讲课的开始就要激活主体，让学生产生强烈的求知欲。教学伊始，把学生熟悉的毛绒玩具引入课堂，调动学生的学习兴趣，激发学生探究的欲望。

（2）以探究为核心，让学生亲身经历活动的全过程。

探究既是科学学习的目标，又是科学学习的方式，教师为学生创设情境，创造科学探究的机会。整个小挂钩的研究过程成为一个整体，由"怎样把毛绒玩具挂起来"这一问题引出挂钩，从而想到可以自己做个挂钩，再通过观察、了解挂钩的结构，来进行设计，最后动手制作、总结、交流。让学生在观察、提问、猜想、设计、制作、实验、表达、交流的探究活动中，体验科学探究的过程，使学生初步形成科学的世界观。

（3）应用开放性原则，遵循学生的认知规律，进行小组合作，分组讨论。小挂钩的设计、动手制作都在小组合作中进行，在自主探究中学习，在合作交流中获取更多信息。

六、【教学准备】

（1）教具：视频资料、PPT、挂钩、毛绒玩具。

（2）学具：曲别针、铁丝、铜丝、木棍、钉子、双面胶、胶带、钳子、剪刀、刀子、实验记录单、磁力条等。

七、【教学过程设计】

本节课的设计可以分为四个部分，即玩具激趣，情境导入；对比研究，设计挂钩；合作探究，制作挂钩；多元评价，总结提升。

（一）玩具激趣，情境导入

（1）教师：同学们，准备好了吗？上课！

学生：老师好！

教师：同学们好！请坐！看，今天我给大家带来了一只漂亮的小鲸鱼（毛绒玩具），漂亮吧，今天这节课，哪个同学表现得最好，我就把这只小鲸鱼作为奖品奖励给他。

教师把小鲸鱼挂到黑板上，小鲸鱼掉了下来。

教师：这是怎么回事呢？我该怎么办呢？

学生：需要一个小挂钩。

教师：对，需要一个小挂钩，我这儿正好有一个小挂钩，让我们把小鲸鱼挂起来吧。

教师在黑板前挂上了小鲸鱼。

（2）教师：小挂钩的用途真大啊！你还在什么地方见过小挂钩呢？

学生1：我在我家的厨房里见过。

学生2：我家的书房里有。

教师：同学们观察得真仔细，在我们的周围，到处都有小挂钩。同学们，想不想在家里用上自己设计制作的小挂钩呢？今天，我们就一块儿做个小挂钩。（教师板书）

设计意图：该环节通过生活中的问题引出课题，同学们能够明确科学是为生活服务的，科学问题要从生活中来。

（二）对比研究，设计挂钩

（1）教师：在做之前，请同学们观察海星挂钩，还有小挂钩的图片，同时结合生活中的小挂钩，思考小挂钩有什么共同特点呢？（教师出示PPT）你有什么发现与大家分享呢？

学生1：有一个小钩子。

学生2：还有固定的底座。

教师：对，这些小挂钩都有一个小钩子，方便挂住东西，还有一个底座，固定挂钩。那么，怎样才能做得既实用又美观呢？

学生：可以设计各种样式的挂钩，采用合适的固定方式。

教师：固定小挂钩的方式有很多，今天为了方便，采用磁铁进行固定。（教师展示海星挂钩的固定结构）

（2）教师：大家已经掌握了小挂钩的结构，但是在做之前还需要进行设计，下面我们来进行设计大赛。

请大家翻开桌子上的设计纸，小组首先讨论小挂钩的形状，然后把它画到方格内，同时研究制作需要什么材料。下面小挂钩设计大赛正式开始！

①设计一个小挂钩的形状，把它的样子画在纸上，可以小组合作。

②展示小挂钩的设计。

学生进行设计，教师巡视指导。

（3）设计结束，请每组的代表拿着设计图到前面来，展示设计作品，教师进行点评。

设计意图：这一环节体现了学生学习的主体地位。教师给予学生充分交流讨论的时间，使学生的小组探究活动真正落到了实处。

（三）合作探究，制作挂钩

（1）教师：同学们都设计好了自己的作品，想不想把自己的设计做成真正的小挂钩呢？老师满足大家的愿望，下面我们进行小挂钩制作大赛，在这儿老师有几条温馨提示。

①小组合作，选择适合的材料。

②制作时注意安全，某些材料的尖端不要对着人。

③制作完毕后，及时整理实验材料，东西摆放整齐。

④挑战时间：10分钟。

老师这儿给同学们准备了铁丝、木棍、曲别针、钉子、双面胶、胶带等材料，还准备了钳子、剪刀、刀子等工具。下面，我来介绍钳子的用法，同学们不要夹到手。请各组组长到前面来领材料。小挂钩制作大赛正式开始！

学生制作小挂钩，教师巡视指导。

（2）教师：小挂钩制作大赛结束，下面晒晒我们的小挂钩吧！

①夸夸你的小挂钩。

②说说制作材料和制作过程。

③试试用用小挂钩，你满意吗？

针对其中小挂钩掉下来的情况，教师提问：为什么会掉下来呢？

教师：我们在制作小挂钩时，要考虑所挂物品的重量，如果挂较重的物品时，就得用更牢固的固定方式，如用胶带、双面胶、钉子等进行固定。

今天，大家设计制作得非常棒，让这只小鲸鱼作为我们班的奖品，陪伴我们吧！

设计意图：该环节培养学生的合作意识、动手能力，让学生体会到"做"的成功与乐趣，并且养成通过"动手做"来解决问题的习惯。

（四）多元评价，总结提升

（1）教师：现在请同学们思考我们整个研究过程，我们在进行制作时，应该怎么做呢？

学生进行思考、讨论、回答。

教师总结：对，我们进行制作时，首先要进行构思设计，然后选择合适的材料进行制作，最后形成产品，这是制作的一般过程。（板书：设计—制作—产品）

挂钩是人设计并制造出来的，属于人工世界的产品，我们周围有许多人工世界的产品，请大家欣赏下面的产品。（教师出示PPT）

（2）小结，布置课下作业。

教师：同学们，这节课你有什么收获呢？

学生：学会了制作小挂钩。

教师：你的收获真大！同学们，生活中有许多物品都可以做小挂钩，大家课下去制作属于自己的、具有特色的小挂钩吧！今天的课就上到这儿，下课！

设计意图：该环节总结研究过程，由挂钩的制作延伸到人工世界的产品，升华思维。

八、【评价设计】

课堂教学评价可将教师、学生个体和小组群体评价三者结合起来使用，但评价的具体形式要根据每堂课的主要教学任务选用相适应的评价方式，教师无需将所有评价方式都在一堂课中体现。本节课的教学评价做到了以下三点。

（1）注重在课堂教学中对学生的及时性口头评价。

（2）注重学生的自评。

（3）注重学生的互评。

比如，在小挂钩设计完成后，小组相互评价，教师进行评价，及时有效地加以评判和反馈。这种贯穿于全课的形成性评价既有利于学生的自主学习，也能帮助教师及时调整教学策略。

九、【案例评析】

"做个小挂钩"是一年级下册第五单元"我们的产品"的第二课，隶属于科学新课标中"技术与工程领域"的内容。本节课综合利用学生所学的知识，让学生体会到"做"的成功与乐趣，并且养成动手解决问题的习惯。在导入环节，我从学生比较喜欢的毛绒玩具入手，通过把毛绒玩具作为奖品奖励给大家，调动学生的学习积极性，再把奖品挂到黑板上，引导学生利用小挂钩来解决生活中的问题。通过这些，学生初步明确科学的学习及动手制作都是生活的需要，即从生活中来，到生活中去。

技术的核心是发明，而工程技术的关键则是设计。所以，在做小挂钩之前，设计这个环节很重要，一个合理的设计是"做个小挂钩"的前提。一年级学生虽然有了一定的思维能力，但是对于对比观察、分析判断、创意表达的能力有较大差异。所以，在设计环节，为了让学生能有比较直观、形象的概念，我先让学生观察小挂钩的形状与结构，初步掌握小挂钩由两部分组成，即底座和钩子；再通过各种小挂钩的式样，让学生了解可以设计多种漂亮的小挂钩；同时让学生设计一个小挂钩，降低了学生设计的难度，使接下来的设计更加合理，也为后面能够顺利制作小挂钩奠定了基础。从设计的效果来看，学生能够设计出自己喜欢的挂钩的样式，但是接下来的设计图的交流，学生还是仅限于能够说出自己设计的是什么形状。使人感到欣慰的是有同学能将底座的图案与钩子有机结合到一起，如鱼挂钩，鱼身做底座，鱼尾做钩子，这样的设计就是很成功的。

有了设计图，学生制作小挂钩就简单了许多。在这个环节中，大部分小组都能够按照设计图来制作，个别小组在制作过程中，由于设计图有不合理的地方，或者他们又有了新的创意，以至于制作的小挂钩跟设计图不符，违背了当初设计的初衷。如果在制作之前强调制作的小挂钩跟设计图一定要相对应，那么这样的情况就可能避免。虽然课前已经做了指导，但在制作时学生使用钳子还不熟练，因此在课上我又做了指导。这同样提醒我们在平时应该多给学生动手的机会，以提高他们的动手能力。

衡量一项工程成功与否的重要标准就是检测。最后的展示环节，我把小鲸鱼毛绒玩具分别挂到各组制作的小挂钩上，检验小挂钩的制作成效。通过某一个小挂钩的掉落，让学生进一步明确制作小挂钩时，不但要考虑小挂钩的形状，还必须考虑所挂物品的重量，以选择合适的固定方式。让学生在完成真实任务的过程中，感知技术与工程对生活的改善。

检测之后，让学生总结整个小挂钩的研究过程。这一环节中，很多学生局限在制作的环节，并不能从整个研究过程进行思考，这说明学生的思考能力还有待于进一步提高。同时，提问的问题还需要更具有针对性，比如，"在整个小挂钩的研究过程中，我们都做了什么呢？"这样提问可能更好些。

本节课的不足之处，还体现在评价学生时语言不够丰富、语气不够活泼等。对于科学这门课程，学生大都有很浓厚的兴趣，因此教师在评价时不要吝惜赞美的词汇，要在学生心中种下一颗"我一定能行"的种子。

科学课，尤其是低年级的科学课，让学生掌握基本的科学技能，远不如激发并保持学生对科学的兴趣，以及增强他们的自信来的重要。这不仅是对本节课，也是对整个科学课程的反思。

每一次教学都是一次成长，课堂永远都是不完美的，每一次讲课过程中都会出现各种各样的问题，解决这些问题对于教师和学生的观察、分析与判断能力都是最宝贵的资源。

十、【板书设计】

板书设计如图 4-2-1 所示。

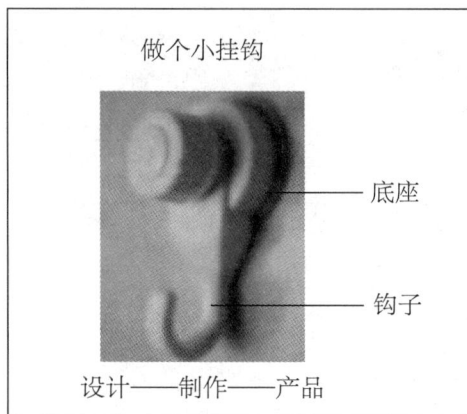

做个小挂钩

底座

钩子

设计——制作——产品

图 4-2-1

案例 3：做一顶帽子

北京市朝阳区实验小学润泽分校　田泽

主题	做一顶帽子		
教材版本	教育科学出版社	年级	二年级上册
单元	第二单元　材料	课时	第六课时

一、【课标内容】

17. 技术的核心是发明，是人们对自然的利用和改造。

17.2　技术包括人们利用和改造自然的方法、程序和产品。

一至二年级　认识周围简单科技产品的结构和功能。

18. 工程的关键是设计，工程是运用科学和技术进行设计、解决实际问题和制造产品的活动。

18.3　工程设计需要考虑可利用的条件和制约因素，并不断改进和完善。

一至二年级　利用提供的材料和工具，通过口述、图示等方式表达自己的设计与想法，并完成任务。

二、【教学目标】

（1）科学知识：了解不同的材料有不同的特性，用不同材料制成的物品，其用途和功能不同；了解某些材料可以反复使用，一些废弃的材料可以用来制造新的物品。

（2）科学探究：利用工程设计周期，发挥材料的特性，制作有一定功能的帽子；在教师的指导下通过口述、图示等方式表达自己的设计与想法，并完成任务。

（3）科学态度：具有研究帽子、制作帽子的学习兴趣；体验创造产品的喜悦和成就感；在设计制作活动中有反思、改进的意识。

（4）科学、技术、社会与环境：初步感受材料性能对产品功能的重要性；意识到废旧材料可以回收后再次使用。

三、【学情分析】

帽子是学生生活中常见的物品，如游泳时用到的泳帽、骑摩托车戴的安全帽、生日派对的装饰帽、保暖用的毛线帽，以及外出旅游用的遮阳帽……这些常见的帽子都是本节课学习的资源。本节课是学生第一次尝试自主选择材料和工具，表达自己的设计想法并制造产品的过程。因此，在制作过程中，学生会遇到诸多问题，教师要进行充分的考虑并做好相应的策略，学生可能遇到的问题及教师的应对策略如下。

1. 合作问题

二年级的学生自我意识强，合作能力差，四位同学在共同制作帽子的过程中很难统一意见。对此，教师要给予学生适当的指导意见：要求每个小组只做一顶帽子；当小组成员不能统一意见时，以组长的意见为准。

2. 使用工具问题

由于学生的年龄较小，不会使用剪刀、地胶、双面胶和圆规等工具，为了提升学生的成功体验，教师为学生提供了丰富的制作材料：布料、一次性纸碗、纸盘、硬卡纸、锡纸、塑料袋、彩带、地胶、圆规、扭扭棒等。在这些材料当中，有的是半成品，如纸碗、纸盘、塑料袋；有的便于学生组装使用，如扭扭棒和锡纸等。众多材料的准备不仅为学生的创作提供了丰富的想象空间，还给学生制作帽子提供了便利。

3. 设计与实施问题

由于学生缺乏设计与实施的经验，因此常常造成其想法和做法之间的巨大差距，使成品与最初的设计相去甚远。鉴于学生的能力水平还不是很高，在指导过程中，教师不要求学生画特别详细的设计图，只要求学生画出自己要设计的帽子的初步想法。在制作中利用图片和演示等方法给予学生必要的指导和帮助，以保证学生的设计制作过程能够顺利开展。

四、【教学重点与难点】

（1）教学重点：认识不同的材料有不同的特性，用不同材料制成的物品，其用途和功能不同；可以根据自己的需求，选择合适的材料做一顶帽子。

（2）教学难点：与同伴合作，一起动手做出一顶符合需求的帽子。

五、【设计理念】

（一）教学内容

本单元以"材料"为研究主题，围绕"辨识生活中常见材料"这一活动主线，和"材料是具有特殊性能的物质"这一概念主线展开。通过对身边不同材料的观察和研究，学生对材料及其性能形成较丰富的认识，这些内容的学习又会激发学生进一步研究材料的浓厚兴趣。

本节课是教科版二年级上册第二单元"材料"的第六课，学生在学习了相关内容的基础上，利用身边的材料，通过小组合作设计具有一定功能的帽子，初步体验运用科学技术原理设计、制造产品的过程。但是，本节课是学生第一次以"设计师"的角色，利用简单的工具进行加工创造的过程，因此教师要为学生提供必要的指导和帮助，力争给每个学生一次成功的体验。

（二）教学方法

科学新课标中明确指出："实践性是小学科学课重要的特征。"对于本节课而言，学生要综合运用数学（计算、测量帽子的大小）、科学（材料与用途功能的关系）、美术（装饰美化）等不同领域的知识解决制作帽子中的实际问题，这体现了课程的综合性与实践性。但是，由于学生的年龄和水平能力有限，教师需要运用不同的教学策略和方法来帮助学生完成帽子的制作，主要的教学方法有以下两点。

1. 利用问题引导学生积极思考

在开始阶段，教师运用泳帽、安全帽、毛线帽、遮阳帽等这些功能不同的帽子引起学生的注意和思考。在学生初步认识材料的特性与其功能的关系后，又利用"你准备做什么种类的帽子？""用什么材料做？""这种材料能实现这种帽子的功能吗？"等问题引导学生在制作中考虑帽子材料的特性与材料的功能的关系。最后，教师请学生反思自己小组设计的帽子中存在的问题，提升学生的批判性反思能力。总之，在课堂中，教师需要不断地利用问题引起学生的思考，使学生对材料与材料的功能之间关系的认识不断深入。

2. 激发每个人的创造潜能

通过创设情境，增加材料的可操作性，给予学生适时适度的指导。进行"开帽子展示会"的活动，运用新颖的评价方法激发学生的创造力和设计灵感，从而设计出别具一格的帽子，使每组学生都能达到预期的设计要求，增加学生的成就感。

六、【教学准备】

（1）教具：泳帽、安全帽、装饰帽、毛线帽、遮阳帽、PPT、实验记录单、小圆点。

（2）学具：①帽子主体材料包括布料、棉花、锡纸、旧纸袋、彩纸、一次性纸碗、一次性塑料碗、一次性塑料盘、纸盘、垃圾袋、塑料袋、硬卡纸、长条彩色纸等；②辅助工具包括彩带、圆规、双面胶、胶棒、剪刀、胶带、软尺、扭扭棒、地胶等。

提前让学生自己准备一些材料，如纸袋、剪刀、厚塑料袋等，小圆点每人一个。将学生使用的材料放在水桶里。

七、【教学过程设计】

总体思路：首先展示不同材质和功能的帽子，在相互的交流讨论中，让学生认识到不同的材料有不同的特性；用不同材料制成的物品，其用途和功能也不同。在此基础上，教师为学生准备了不同的材料：锡纸、布料、棉花、塑料袋，以及学生制作帽子所用的工具。学生利用材料的特性，通过小组合作设计制作出一顶不同功能的帽子。学生通过出售帽子的游戏活动对自己制作的帽子进行评价，并通过反思交流进一步思考自己在制作帽子的过程中还存在哪些问题。在制作、展示、交流、评价、反思的过程中，提升学生的设计制作能力、合作交流能力、语言表达能力和批判反思能力，培养学生正确的科学态度。

（一）确定问题

创设情境：课前请四个同学分别戴着毛线帽、安全帽、遮阳帽、泳帽在教室外做准备，教师戴着帽子走进教室。教师：老师今天的装束有什么不同？学生：老师戴着帽子。教师：咱们班的几位同学也为大家带来了不同的帽子，让我们欣赏一下他们的帽子秀，现在请帽子模特闪亮登场（音乐响起，模特进入）。展示后，教师提问：模特们戴的都是什么帽子？这些帽子都是什么时候戴的呀？这说明什么？

学生：毛线帽是冬天戴的，安全帽是去工地、骑车等有危险的时候戴的，遮阳帽是夏天戴的，泳帽是游泳的时候戴的，这说明不同场合、不同季节要戴不同的帽子。

教师：为什么不同的场合要戴不同的帽子呢？

学生：因为毛线帽能保暖，所以冬天戴；安全帽外面硬，里面柔软，不怕磕，能保护我们的头部；太阳帽能遮阳且通风；泳帽有防水性，游泳时可以防止水把头发打湿弄脏，看来，不同场合、不同季节要戴不同的帽子。

教师：这跟帽子的什么有关？

学生：材料。

教师：这些帽子都是用什么材料制成的？

学生：毛线帽是用毛线制成的，安全帽是用塑料制成的，遮阳帽是用尼龙制成的，泳帽是用橡胶制成的。

教师：毛线、塑料、尼龙、橡胶，这些都是材料，材料具有保暖、硬、防水、有弹性的特性，毛线帽、安全帽、遮阳帽、泳帽，这些都是材料的用途或者说是功能，由此你有什么发现？

学生：不同的材料有不同的特性，用不同材料制成的物品，其用途和功能不同。

教师：看来帽子里存在着很多的科学呢！那你能不能根据材料的特性，利用废旧材料，制作一顶有一定功能的帽子呢？今天我们就来做一顶帽子。（板书课题：做一顶帽子）

设计意图：在引入环节，教师利用帽子秀创设情境，激发学生研究帽子的学习兴趣，通过讨论了解帽子的材料与功能关系的技术原理，为下面学生用不同材料设计、制作不同功能的帽子打下基础。

（二）头脑风暴和帽子的计划、制作、测试、修改

1. 介绍工程周期

教师：要做一顶帽子，可不是件容易的事，你得知道设计、制作帽子的过程是怎样的，一般来说，这个过程首先需要定义问题（即明确工作任务是什么），然后再通过查阅资料进行头脑风暴、制订计划，接着开始制作、测试、修改，最后进行展示。

设计意图： 使学生了解工程制作周期，目的是教给学生工程设计的流程和方法。

2. 展示制作材料

提问：我们能够用不同的材料制作出不同功能的帽子吗？（呈现课前准备的废旧物品）今天老师给大家带来了很多生活废旧物品和材料（分别介绍各种材料及工具的使用方法），我们能不能利用这些废旧物品和材料，把它们变废为宝，利用它们来制作一顶有用的帽子呢？

设计意图： 对二年级的学生来讲，很多材料他们可能没见过或者没有使用过，如地胶、圆规、锡纸等。经过教师的介绍，一方面可以让学生对这些材料的性质、特点和使用方法有所了解；另一方面，通过介绍不同材料，启发学生思考怎样利用这些材料的性质设计自己想制作的、具有一定功能的帽子。

3. 画设计图

教师：你想制作哪种功能的帽子？你想用什么材料来制作？为什么用这种材料可以达到这样的用途和功能？下面，请小组同学商量一下，每个小组只能选择做一种功能的帽子，你们需要画出帽子的设计草图，并圈出所使用的材料。如果有小组意见不统一，就请组长最终决定做什么功能的帽子。给大家8分钟的时间进行帽子的设计，把你们的想法在纸上画一画。

设计意图： 利用问题时刻提示学生将材料与帽子的用途功能相联系，引导学生将学习的知识加以应用。二年级学生比较自我，教师可以利用组长的最终决定权，来培养学生的合作、协调能力。

4. 制作前的指导

（1）教师：一会儿你们就要按照图纸进行制作了，大家想一想，制作帽子需要

注意什么问题？

学生进行回答。

（2）辅导学生测量帽子的大小。

帽子首先要戴起来舒服、大小适合，你看，这位小朋友的帽子合适吗？它太大了。那么在制作中，你就要注意帽子大小的问题。怎样确定帽子的大小呢？（演示）用软尺或者绳子围着头绕一圈，绳子一圈的长度就是帽子的周长，即帽子的大小。为了更加方便和快捷，可以使用扭扭棒（也就是我们常说的毛根）测量自己头围的长度，制作时也可以将扭扭棒扣在帽子里面。

（3）辅导学生制作帽壳和帽檐、连接帽壳和帽檐、装饰帽子。

①制作：我们知道，帽子分为帽壳、帽檐，有的还有帽绳和装饰物，制作帽壳时可以用纸碗，或者把纸卷成锥形，或者直接剪下纸袋的一角，或者用长条纸卷成柱形并加盖，这些方法都是可以的。

②连接：把纸剪成环状，扣在帽壳上，注意不要剪大了，不然帽壳与帽檐就连接不上了。

③装饰：帽子要漂亮，戴起来要舒服，因此我们可以选择多种材料做辅助，使我们的帽子更完善、更美观舒适，制作完自己先测试一下，有不合适的地方及时修改，大家用心做，制作完我们还要开一个帽子展示会，评出最佳设计奖。

（4）提出制作要求。

①帽子能够稳稳地戴在头上不掉下来。

②制作的具有某种功能的帽子，所使用的材料要能够实现这顶帽子的用途和功能。

③每个组合作完成一顶帽子的制作。

④不要浪费材料。

⑤不用的垃圾及时放入垃圾袋。

（5）同学们还有什么问题吗？

设计意图： 二年级学生没有制作帽子的经历，对于怎样准确测量帽子的大小，以及怎样制作帽檐、帽壳，怎样装饰帽子都需要教师的指导和帮助，教师在与学生交流过程中先听取学生意见，再给予学生指导，这有利于发挥学生的想象力，体现了尊重学生的教育观。提出制作要求是进一步明确评价要点，培养学生的规则意识，使学生设计的产品更加符合设计要求。

5．帽子的制作、测试、修改

给大家30分钟的时间进行制作，30分钟后，我们要开一个帽子展示会，让大家来评价你们组制作的帽子是否达到了预期的效果。展示会后，我们会评出哪个小组制作的帽子最符合要求，评出最佳设计奖。

学生制作时教师巡视指导，做完后收拾材料。

设计意图：在屏幕上展示30分钟计时过程，目的是培养学生的规则意识，养成良好的制作习惯。

（三）展示交流

1．展示

下面我们开一个帽子展示会，一会儿每组选出一名同学戴着你们的帽子站到前面，围着这个小圈走一圈，然后扮成售货员，介绍你们的帽子。

"我们的帽子有 _____ 的功能，它主要是由 _____ 材料制作的，因为这种材料有 _____ 的特点。我们的帽子还有很多优点，如 _____。"一组一组的展示，展示时教师播放音乐。

在小组展示后，教师请其他同学扮成顾客，表达你喜欢哪个组的帽子。

"我想购买 _____ 帽子，因为这顶帽子 _____。"

设计意图：教师用游戏的形式，指导学生进行科学的表达，激发学生的学习兴趣，培养学生的语言表达能力。

2．评价

售货员和顾客都说了自己的想法，现在我们请各组同学来评价一下，在你认为最能达到要求的小组的评价单上贴上小圆点，每人只能贴一个。

评价后，教师宣布本班的最佳设计奖。

设计意图：用师生评价、生生评价的方式充分调动学生评价的积极性，培养学生公平竞争的意识。

3. 反思

（1）研讨：今天我们各组同学都设计了自己小组的帽子，你们设计的帽子都非常有创意，材料都能达到预先设计的功能，你们都很棒！但是，大家再想一想，你们的帽子已经十分完美了吗？大小都合适吗？戴起来都舒服吗？美观大方吗？我们做的帽子还有哪些不足？可以怎样改进？请每位"设计师"课下继续思考和完善自己做的帽子。

设计意图：通过各种帽子存在问题的研讨，培养学生观察和思考能力，提升学生的批判性反思能力。

（2）作业与拓展学习设计：同学们做的帽子都很有特点，不过我们是不是还可以把它们变得更好？给大家一个机会，课后思考下该怎么做。

八、【评价设计】

（1）根据学生课堂上回答问题、设计制作帽子的过程，以及帽子成品的汇报交流对学生进行知识、能力、科学态度的评价。

（2）利用学生自评和教师评价的方法，对学生在制作帽子过程中的设计理念、制作水平、成品展示三方面进行评价。评价项目和评价水平层次如表4-3-1所示。

表4-3-1

内容		级别	描述	自评	师评
评价项目	设计理念	A	大胆想象，勇于创新，方便操作，具有可实施性		
		B	有创新意识，努力进行创新，大胆尝试		
		C	能够借鉴他人方式方法，但缺乏创新意识		
	制作水平	A	能够很好地实现设计构想，在制作中能够做到科学合理、经济美观、节能环保		
		B	基本能够实现设计构想，在制作中能够做到科学合理、经济美观、节能环保		
		C	基本能够实现设计构想，在制作中欠缺美观性		
	成品展示	A	展示形式新颖，能够清晰地阐明自己的设计理念及科学原理		
		B	能够将自己的作品展示清楚，能够表述自己的设计想法		

内容		级别	描述	自评	师评
评价项目	成品展示	C	展示形式单一，基本能够阐明自己的设计想法		
		D	在教师指导下能基本复述研究过程，汇报声音洪亮，语言流畅		

九、【案例评析】

本节课的教学设计有以下两大特色。

1. 借鉴 STEM 教学思想和方法设计本节课教学

本节课借鉴 STEM 教学思想进行技术工程内容的教学。我校自 2016 年秋季开始，聘请了来自美国北伊利诺伊大学的 Janine 老师教授 STEM 课程。2016—2018 年，STEM 课程一直在高年级进行。今年，我们尝试结合 STEM 教学思想，在低年级开展工程技术课的教学。

本节课主要吸纳了 STEM 教学的三点理念：（1）利用 STEM 工程设计周期设计本节课的教学，学生在制作帽子的过程中经历了定义问题—头脑风暴和计划—制作—测试—修改—展示交流评价的过程；（2）实践前提出作品的评价要求，按照评价要点评价学生的作品；（3）给学生充分的时间进行展示交流。作品展示交流是 STEM 课程一个重要的组成部分，本节课中，教师给学生充分的时间进行展示交流，要求每个小组都要展示自己的作品，以激发学生的创作热情，达到预期的效果。

2. 采用多种方式激发学生创作灵感

教师通过帽子秀创设有趣的教学情境，利用问题不断引发学生积极思考，增加材料的可操作性，利用音乐活跃气氛，采用新颖的评价方式，教师灵活运用多种方式，激发学生的创造力和设计灵感，使每个学生拥有了一次成功的体验。

十、【学生实验记录单】

学生实验记录单如表 4-3-2 所示。

表 4-3-2

组别		日期	
我们想做的帽子类型			

我们所用的材料有： （用到的材料打√）

(1) 一次性塑料碗塑料盘
(2) 硬卡纸
(3) 彩纸
(4) 塑料袋
(5) 旧报纸
(6) 锡纸
(7) 棉花
(8) 长条彩色纸
(9) 布料
(10) 旧纸袋或塑料袋
(11) 彩带
(12) 地胶
(13) 圆规
(14) 双面胶
(15) 胶棒
(16) 剪刀
(17) 软尺
(18) 胶带
(19) 扭扭棒

我们的设计图

案例4：认识工具

福建省漳州市新城学校　　赖小艳

主题	认识工具		
教材版本	江苏凤凰教育出版社	年级	二年级下册
单元	第四单元　认识工具	课时	第一课时

一、【课标内容】

17. 技术的核心是发明，是人们对自然的利用和改造。

17.3　工具是一种物化的技术。

一至二年级　认识常见的工具，了解其功能；使用工具对材料进行简单加工。

二、【教学目标】

（1）科学知识：认识生活中常见工具，通过操作与使用，学习简单的加工方法；描述使用工具工作和徒手工作的不同；阅读锤子的发展史，知道即使是同一种工具，由于制作材料不同，它的作用也会有所不同。

（2）科学探究：在教师的指导下，学生清楚使用何种工具可以完成不同的任务，并学会操作一些简单工具；在教师的指导下，学生具有对探究过程、方法和结果进行反思、评价与改进的意识。

（3）科学态度：愿意倾听、交流、分享；意识到人们的生活离不开各种工具，使用工具可以降低工作难度，方便人们的生活；能按要求进行合作探究学习。

（4）科学、技术、社会与环境：了解工具是人类力量的延伸，人类可以通过发明创造，利用各种各样的工具，提高生活质量。

三、【学情分析】

二年级的学生具备一些相关工具的前概念知识，但实际使用工具进行操作的机会较少，且动手操作能力较弱，注意力集中时长较短。这些简单的工具对于学生来说既熟悉又陌生，因为熟悉这些工具，所以在做前概念调查时学生会表现出浓厚的兴趣，教师应当把握时机，设置情境或者利用各种图片、视频，激发学生的求知欲，吸引学生的注意力。同时，教师在设计教学的时候，应该注意把握学生的最近发展区，做到张弛有度、有的放矢地引导学生认识更多工具及它们的作用。操作活动的设计不仅要能引起学生的兴趣，也要考虑在学生的能力范围之内，使用工具做出更加完美的工件。科学的追求不应当止于课堂，教师要注重引导和鼓励学生去探索和思考。

四、【教学重点与难点】

（1）教学重点：认识工具箱里的工具，说出它们的名称和作用；意识到使用工具能够方便人们的生活。

（2）教学难点：在教师的指导下，学生清楚使用何种工具可以完成不同的任务，并学会操作一些简单工具。

五、【设计理念】

科学新课标中指出："在科学学习中，灵活和综合运用各种教学方式和策略都是必要的。"本节课属于科学探究课，我设计了一系列面向全体学生的体验活动（工具的使用），保证了每个学生都主动参与，动手动脑，经历科学探究过程，获取科学知识。教学的过程中采用儿童化的语言（表扬、鼓励、谈话），并选择二年级学生喜闻乐见的生活场景（吹泡泡），图文、视频资料（动画片《螺丝钉》片段），创设愉快的教学氛围，保护学生的好奇心和求知欲，激发学生学习科学的兴趣，引导学生主动探究，积累生活经验，增强课程的意义性和趣味性。本节课还根据教学实际灵活运用小组合作法、直观演示法、模拟实验法等教学方法。

六、【教学准备】

（1）教具：工具箱（羊角锤、老虎钳、尖嘴钳、钢卷尺、锯子、螺丝刀、扳手等）；泡泡液；任务卡。

（2）学具：羊角锤、老虎钳、螺丝刀、细铁丝、钢卷尺、木板。

七、【教学过程设计】

（一）实物模型导入新课，调查学生前概念知识

（1）谈话导入：同学们，老师今天带来一个小伙伴给你们认识，你们猜猜它是谁？（教师手持工具箱）

（2）教师打开工具箱揭示答案：是工具箱。（板书课题：认识工具）

设计意图： 利用实物模型直接导入，刺激学生的眼球，激发学生探究的兴趣。

（3）调查学生认识哪些工具

①教师：同学们，你们认识哪些常见的工具？它们可以用来干什么？（教师根据学生回答展示对应的工具：锤子、钳子、卷尺、扳手、螺丝刀）除了工具箱里的工具，你还知道哪些工具？

②教师：生活中还有许许多多的工具，如手工剪刀、订书机、热熔胶枪等，会使用不同工具的人才能制造出他想要的零件和机器。（教师根据学生的回答给予积极评价）

设计意图： 安排两个问题，一是让学生说出认识哪些常见的工具，二是让学生说出并了解它们的用处，目的是调动学生的已有认知，教师在教学中能够有的放矢，找到教学的增长点，从而使教学更加有效。在此基础上，引入第二部分的内容，也是本节课的主体活动——选择合适的工具完成任务。

（二）认识工具，选择合适的工具完成任务

1. 观察老虎钳，知道老虎钳各部位的功能及使用方法

（1）教师：同学们，你们喜欢玩吹泡泡吗？（学生：喜欢）

（2）教师：老师已经自制好泡泡液了，今天，我们要一起来利用工具自制泡泡器吹泡泡，你们愿意吗？（学生：愿意）

（3）教师：你们觉得需要用什么材料？

若学生回答为铁丝，教师可以手拿铁丝沾泡泡液，结果无法吹起泡泡。教师再追问应该怎么做才能让铁丝变成泡泡器，从而引出利用钳子把铁丝弯成圈。

（4）教师：铁丝太硬了，想要把它弯成圈需要借助钳子，所以我们要先了解钳子。

教师讲述老虎钳不同部位的功能：夹持口、咬合口可以夹物体，剪切口可以剪断铁丝，钳柄是手部抓握的地方。

（5）教师：今天我们制作泡泡器，使用同样有夹持口的尖嘴钳会更合适。

（6）教师演示用尖嘴钳制作铁圈，并展示用刚做好的铁丝圈吹泡泡。

（7）对比买来的泡泡器和自制的简易泡泡器的尾部，说说你发现了什么？（学生进行回答）

教师：它的尾部尖尖的，不好抓握还容易伤手，你有什么办法能让它不仅安全、好抓握，还能用来吹泡泡吗？（学生：尾部做一个小圈圈）所以你们愿意加工它的尾部吗？（学生：愿意）

（8）教师边解说边演示如何使用工具加工泡泡器尾部。

（9）教师：谁来说说制作的时候需要注意什么？

（10）学生读操作步骤及注意事项，开始制作。

（11）学生介绍并展示自制的泡泡器，最后进行评价（学生自评、生生互评、师生互评）。

（12）教师展示自制的各式各样的铁丝制品。

（13）观看动画视频：钳子还可以拧螺母。

得出结论：钳子可以弯铁丝、剪铁丝、拧螺母。

设计意图： 通过设计简单而富有童趣的动手操作活动，一方面可以调动学生的积极性，另一方面也考察了学生手、眼、脑的协调能力。学生的手部精细动作的发展情况（即大脑对手部精细肌肉的控制能力）决定了学生能否利用工具将铁丝弯成平滑的、圈圈的样子，使美观与实用性并存。通过展示教师自制的各式各样的泡泡器，激发学生课后探究的欲望。最后利用动画视频总结回顾钳子的功能，吸引注意力分散的学生再次回到课堂中。

2. 学习钢卷尺的用法

（1）教师：同学们，你们还想继续探索各种工具吗？如果老师想让你们在木块的10厘米处钉一枚钉子，需要什么工具？（学生：钢卷尺、锤子等）

（2）教师：要在木块10厘米处钉钉子首先需要用钢卷尺确定位置，做好记号，你会吗？（请一位学生上台在高拍仪下演示，全班同学给予展示者掌声，教师表示感谢，并请其他同学来说说这位同学的演示做得怎么样）

（3）教师评价总结，并演示钢卷尺的正确用法：打开钢卷尺的开关，然后拉开钢卷尺，钩子勾住木块的边缘，拉到需要的长度，关上钢卷尺的开关，在10厘米处做记号。

（4）教师：同学们，使用钢卷尺时需要注意什么？（学生：注意安全，如手抓握的地方，收、拉的力度适中，尤其收的时候不宜立刻放手，防止卷尺边缘割手）

设计意图：二年级的学生已经学过运用直尺测量物体的长度，教师只需要引导学生知识迁移即可，量出10厘米的长度并且做记号，本环节旨在让学生能选择出正确的工具来完成任务，并为钉钉子的位置提前做准备。

3. 学习安全钉钉子

（1）教师：记号做好了，你知道如何在记号处钉钉子吗？

（2）教师：直接手拿钉子进行敲打，有什么安全隐患？（教师出示图片：手拿钉子钉）

（3）教师：哪一个工具可以替代手直接拿钉子？（学生：钳子）（教师出示图片）

（4）教师：钉钉子需要注意什么？

（5）学习实验注意事项，教师播放视频演示钉钉子。

（6）学生尝试在练习板的记号上钉钉子。

设计意图：这个环节巧妙地利用新学的工具——钳子，来替代手直接拿钉子进行操作，安全又省力，教学过程中注重培养学生知识迁移能力，即钳子能夹铁丝也可以夹钉子。

（7）交流、总结，评价学生活动。

4. 学习使用工具拔钉子

（1）教师：如果钉子钉歪了或者钉错位置了，就要拔出来，请同学们用手拔一拔，试试看。

（2）教师：谁来说说拔钉子的感受？（学生：手痛、费力、拔不出来）谁能用更轻松、省力的办法把钉子拔出来？（学生：使用羊角锤的上端开口或者钳子）

（3）让学生尝试用工具拔一拔。（教师强调注意安全）

（4）教师注意观察，请轻松拔出钉子的同学说说他的方法。

（5）教师讲解羊角锤的结构及使用方法，并播放视频演示。

（6）总结：羊角锤拔钉子既省力又安全，不过有时候我们也可以用钳子来拔钉子，我们要学会在特定的情况选用合适的工具来完成不同的任务。

设计意图： 在拔钉子的环节安排学生将徒手拔钉子和使用工具拔钉子做对比，并且事先让学生自由探究，使学生明白只有使用工具才可以方便我们的生活，同时渗透工具的兼用。

5. 认识螺丝刀

（1）教师：钉子还可以连接两块木板（演示），日常生活中还常常用到螺丝钉，请同学们观察一下螺丝钉有什么特点？（学生：螺帽有"一字"或者"十字"的凹槽，螺身有螺纹）

（2）教师：这个凹槽恰好可以和不同的螺丝刀刃匹配，所以拧螺丝钉就需要用到螺丝刀。

（3）教师播放视频演示拧螺丝钉。

6. 扳手的功能和使用方法

（1）同学们请观察六角螺丝钉（出示图片）的螺帽与上面介绍的螺丝钉有什么不一样？（学生：它螺帽处没有凹槽）所以拧这种螺丝钉或者拧螺母时要用扳手或者老虎钳。

（2）教师介绍扳手的使用方法。（教师边演示边解说）

7. 观看视频认识更多的工具及其作用

认识螺丝刀、扳手、锉刀、电锯、台钳等工具，并了解其作用。

设计意图：选择最常用的几种工具来学习，在工具的学习上是按照一定的顺序（老虎钳的使用—卷尺、锯子—锤子钉钉子—羊角锤拔钉子—螺丝刀拧螺丝—扳手拧螺母）安排学习的，以这样的顺序认识几种简单的工具及它们的功能和作用。本环节的教学重点在于钢卷尺、钳子和羊角锤的使用，其余几个工具的介绍用播放视频和教师简单讲述为主。

（三）认识并使用工具方便人们的生活

1. 猜谜语

教师：刚才我们通过活动、观看视频等方式学习了哪些工具？（学生回答，教师将相应彩色工具磁力卡贴在黑板上）现在老师要考考你们了，你们敢接受挑战吗？（对学生的积极热情予以正面评价）

（1）细长身材卷起来，拉开尺寸量出来——卷尺。

（2）什么东西硬邦邦，敲钉子它来忙——锤子。

（3）细长脖子扁嘴巴，想拧螺丝钉就找它——螺丝刀。

（4）号称兽中王，牙齿利又快，咬铁又断钢——老虎钳。

（5）蛇头瘦身，专爱吃铁，咬着就转——扳手。

2. 摆卡片：将任务卡一一摆在相应的工具下面

（1）教师：你们愿意继续接受挑战吗？

（2）教师出示PPT：在黑板上将任务卡片一一摆在相应的工具下面。（任务卡：剪铁丝、量长度、拧螺母、钉钉子、拧螺丝、锯木头）

3. 评价总结

（1）谁能说说，我们徒手工作和使用工具工作有什么区别？

（2）这些工具还有其他的用处吗？如果没有工具的话我们的生活将会怎样？

（3）总结：老师很高兴和同学们一起探究了各种各样的工具，生活经验告诉我们，人们的生活离不开各种工具，工具是人类力量的延伸，使用工具可以降低工作难度，方便人们的生活，人们通过不断地创造和改进工具，我们的生活质量才能不断提高。

设计意图： 本环节主要通过猜谜语和摆卡片的任务，完成对工具的再认识，并强化学生对工具作用的认识，从而使学生意识到使用工具可以方便人们的生活。

（四）视频欣赏，了解锤子的发展

视频语音内容如下。

随着时代的迁移，工具也在不断地发展，人们的生活也随着工具的发展而越来越便捷。例如，锤子是不断发展的，我们的祖先最早直接用石头砸东西；后来发明了加了木柄的石锤；再后来人们掌握了炼铁的技术，于是发明了更加坚硬的铁锤。如今，人们用不同材质制作了不同功能的专用锤子。例如，铺地砖时需要用质地较软、富有弹性的橡胶锤；捶糖酥、舂糍粑时需要用软硬适中的木锤；雕刻石头就要用硬度比较高的铁锤。生活中还有许多不同功用的锤子。例如，儿童玩的玩具锤，按摩用的按摩锤。工具就像历史的缩影，不断地演绎着人们逐渐变迁的生活。

设计意图： 通过欣赏视频让学生了解工具其实是历史的缩影，它们具有工艺价值和历史价值，如锤子也有自己的发展历程。

（五）课后作业

让学生和家长一起合作利用工具进行拆装活动。

八、【评价设计】

我在本节课的教学中，主要采用了过程性评价，在学习过程中进行，与学生的学习交融在一起，包括课前课后针对学生的学习及学习表现进行评价、师生评价和生生互评。

过程性评价注重对学生学习过程的关注，其作用是使学生了解自己的学习状况，有助于学生发展和自主学习。在本节课的教学中，首先，我在揭示课题后提出问题："你知道工具箱里的哪些工具？它们用来干什么？"来了解学生的经验、认知结构，得到学情信息。然后，根据这些信息，对教材进行加工处理，或者对教学内容、教学方法、教学策略做适当的修改，使之更适合学生，让学生和教师了解学习的出发点在哪儿。我在本节课的教学中还设计了一系列具有良好结构性的问题与动手操作活动，并及时有效地加以评价（师生评价、生生评价）和反馈，使学生在整堂课中都得到了合理有效的评价。我帮助学生解决学习困难，找到困难的原因，同时通过学生自评、互评，学生学会取长补短，保证了学生对正在进行的活动的学习热情。这种贯穿于全课的形成性评价既有利于学生的自主学习，也能帮助教师及时调整教学策略。

九、【案例评析】

技术与工程是科学学习的一项重要内容，本单元是第一个有关技术与工程领域的主题单元。工具是一种物化的技术，技术包括使用不同工具的技术，本单元以传统工具箱里的工具为研究对象，用三节课分别引导学生学会使用简单工具，本节课在本单元中居于起始地位，通过观察、动手操作等活动，引导学生认识工具的主要作用和使用方法，建立起工具可以方便人们生活的意识，同时也对学生的操作技能进行训练。从教学内容上来看，主要分为三部分。

第一部分，一是让学生说说认识哪些常见的工具，二是让学生说说了解的工具的用途，目的是调动学生的已有认知，从而了解学生已经掌握相关知识的程度，这样教师能在教学中有的放矢，找到教学的增长点，使教学更加具有有效性。在此基础上，引入第二部分的内容，也是本节课的主体活动——选择正确的工具来完成任务。

第二部分，让学生认识不同工具的作用，了解使用工具能给人们的生活带来方便。本案例中我重组教学内容顺序（老虎钳的使用—卷尺、锯子—锤子钉钉子—羊角锤拔钉子—螺丝刀拧螺丝—扳手拧螺母），使前后的学习融会贯通。其一，钳子的认识与使用，通过夹断铁丝、弯铁丝和连接铁丝了解钳子的作用，为后面的钉钉子、拔钉子工作、拧螺母做铺垫。其二，通过使用钢卷尺在木板上做记号，知道钢卷尺的使用方法和注意事项，并在刚才所做的记号上钉钉子，这里不仅暗含一个工件可能需要多种工具（钢卷尺、笔、锤子、钳子）合作完成，还训练了学生的操作技能。其三，通过把刚才钉进去的钉子拔出来的活动，认识羊角锤（老虎钳）的起钉功能。其四，通过谈话导入"与钉子一样具有固定功能的螺丝钉"，自然而然引出螺丝刀的使用方法。其五，当六角螺丝钉的螺帽没有凹槽不能再使用螺丝刀的时候，可以使用扳手解决问题，这里还补充老虎钳的夹持口也可以拧螺母的知识（渗透工具兼用及正确使用工具观念）。这样按照层层铺垫、层层递进的顺序认识几种简单的工具及它们的功能，使学生的科学思维一步一步清晰。

第三部分，以锤子的发展历程为线索，解释人类很早就开始使用工具，以提高生产效率和生活水平，同时说明人类不断地发明改造工具，工具的发展是随着时代的变化不断发展的，工具的本质上是人类力量的延伸，工具的发展过程反映着人们的生活水平不断提高的过程。

本案例中教与学的方法清晰明确，教学内容顺序安排合理。连续的操作、观察活动，训练了学生的动手能力和观察能力。适时插入视频，成功避免了低年级学生注意力时长短，使学生能够保持高度的热情和兴趣进行科学探究。

十、【板书设计】

板书设计如图 4-4-1 所示。

认识工具	
剪铁丝	老虎钳（图）
钉钉子	羊角锤（图）
拧螺丝	螺丝刀（图）
拧螺母	扳手（图）
量尺寸	卷尺（图）
锯木板	锯子（图）

图 4-4-1

设计意图： 本环节主要通过摆卡片的任务，完成对工具的再认识的一个过程，并强化学生对工具作用的认识，从而意识到使用工具可以方便人们的生活。